«Paul Auster ist einfach genial.» *Haruki Murakami*

«Die Welt, lernen wir, ist ein Dorf. Der Mensch ist klein, aber die Literatur ist groß. Und Paul Auster ist einer der ganz großen Autoren, einer, der in den Falten der Zeit das Verdrängte und in den Schwarzen Löchern der Phantasie das Vergessene sucht und uns davon erzählt, warum das Schicksal ungewiss ist, aber doch nur einen Namen hat: Zufall.»
Frank Dietschreit, kulturradio

«Nicht nur ein Buch denkwürdiger Geschichten, sondern auch eine Poetik des Paul Auster in Erzählform.»
Anton Thuswaldner, Salzburger Nachrichten

«Stufe für Stufe führt Auster in sein eigenes Inneres – zu seinen eindrücklichsten Erinnerungen. Und damit (...) auch an den Rand der menschlichen Existenz.»
Peter Jungwirth, Wiener Zeitung

«Schlicht und wahr und von großer emotionaler Tiefe (...) Eine wunderbare Wiederentdeckung.» *Heilbronner Stimme*

Paul Auster

DAS ROTE NOTIZBUCH

Wahre Geschichten

Aus dem Englischen von
Werner Schmitz

Rowohlt Taschenbuch Verlag

Die Originalausgabe dieser Geschichten
erschien erstmals vollständig 2012 bei
New Directions, New York.

Die deutsche Fassung wurde in Teilen in den
Bänden «Das rote Notizbuch» (Rowohlt 1996),
«Die Kunst des Hungers» (Rowohlt Paperback
1997) und einer erweiterten Neuausgabe des
«Roten Notizbuchs» (Rowohlt Taschenbuch
Verlag 2001) publiziert. Die vorliegende Fas-
sung enthält zum ersten Mal sämtliche wahren
Geschichten.

Veröffentlicht im Rowohlt Taschenbuch Verlag,
Hamburg, September 2019
Copyright © 2018 by Rowohlt Verlag GmbH,
Reinbek bei Hamburg
«The Red Notebook» Copyright © 1992, 1995, 2000,
2002, 2018 by Paul Auster
Covergestaltung any.way, Hamburg,
nach einem Entwurf von Anzinger und Rasp, München
Satz Abril Text bei Pinkuin Satz und Datentechnik, Berlin
Druck und Bindung CPI books GmbH, Leck, Germany
ISBN 978-3-499-29174-6

INHALT

DAS ROTE NOTIZBUCH

1

1972 geriet eine gute Freundin von mir in Schwierigkeiten mit dem Gesetz. Sie lebte damals in Irland, in einem Dorf unweit der Kleinstadt Sligo. Zufällig fuhr an dem Tag, als ich sie dort besuchte, ein Polizist in Zivil bei ihrem Häuschen vor und überbrachte ihr eine Vorladung. Die Beschuldigungen waren so schwerwiegend, dass es ratsam schien, einen Anwalt zu nehmen. Meine Freundin erkundigte sich und bekam einen Namen genannt, und am nächsten Morgen radelten wir in die Stadt, um den Fall mit diesem Mann zu besprechen. Zu meiner Verblüffung arbeitete er für eine Kanzlei namens Argue & Phibbs, zu Deutsch: «Streiten & Flunkern».

Dies ist eine wahre Geschichte. Wer daran zweifelt, den fordere ich auf, nach Sligo zu fahren und sich selbst davon zu überzeugen, ob ich das erfunden habe oder nicht. Ich habe mich in den vergangenen zwanzig Jahren oft an diesen Namen ergötzt, doch obwohl ich beweisen kann, dass Argue und Phibbs leibhaftige Menschen waren, fällt es mir immer noch schwer zu glauben, dass sie tatsächlich in dieser Paarung (und zu einem noch köstlicheren Witz, einer ausgemachten Parodie auf den Anwaltsstand) zusammengekommen sein sollen.

Meinen jüngsten Informationen zufolge (drei bis vier Jahre alt) ist die Kanzlei noch immer gut im Geschäft.

2

Ein Jahr später (1973) wurde mir ein Job als Verwalter eines Bauernhauses in Südfrankreich angeboten. Die juristischen Probleme meiner Freundin hatten sich längst erledigt, und da unsere sporadisch aufflackernde Beziehung gerade mal wieder sehr gut zu laufen schien, beschlossen wir, den Job gemeinsam anzunehmen. Wir waren damals beide knapp bei Kasse, und ohne dieses Angebot wären wir gezwungen gewesen, nach Amerika zurückzukehren – wozu wir beide noch nicht bereit waren.

Es sollte ein sonderbares Jahr werden. Einerseits war das Anwesen einfach wundervoll: ein großes steinernes Gebäude aus dem achtzehnten Jahrhundert zwischen Weingärten auf der einen Seite und einem Staatsforst auf der anderen. Das nächste Dorf war zwei Kilometer entfernt, aber dort lebten nicht mehr als vierzig Menschen, keiner davon unter sechzig oder siebzig. Also ein ideales Fleckchen für zwei junge Schriftsteller, und L. und ich arbeiteten hart dort und schafften in diesem einen Jahr mehr, als wir je für möglich gehalten hätten.

Andererseits lebten wir ständig am Rand einer Katastrophe. Von unseren Brötchengebern, einem amerikanischen Ehepaar, das in Paris wohnte, bekamen wir monatlich ein kleines Gehalt (fünfzig Dollar), Benzingeld fürs Auto sowie einen Betrag, von dem wir das Futter für die beiden zum Haus gehörenden Labradorhunde kauften. Alles in allem eine großzügige Regelung. Wir mussten keine Miete zahlen, und wenngleich das Gehalt zur Bestreitung unserer monatlichen Ausgaben nicht ausreichte, deckte es doch immerhin einen Teil davon. Den Rest wollten wir mit Übersetzungen hinzuverdienen. Bevor wir von Paris aufs Land zogen, hatten wir uns eine Reihe von Aufträgen besorgt, die uns über das Jahr hinweghelfen sollten. Dabei hatten wir allerdings nicht bedacht, dass Verlage oftmals säumige Zahler sind. Ebenso wenig hatten wir berücksichtigt, dass Wochen vergehen können, bis ein Scheck, der von einem Land ins andere geschickt wird, eingelöst werden kann, und dass, wenn es dann so weit ist, Bank- und Wechselgebühren den Auszahlungsbetrag erheblich verkleinern. Da L. und ich in unserer Planung keinen Spielraum für Irrtümer oder Rechenfehler gelassen hatten, gerieten wir häufig in ziemliche Bedrängnis.

Ich erinnere mich, wie ich bei Anfällen von Nikotinsucht mit vor Gier betäubten Gliedern unter Sofakissen und Schränken nach Kleingeld suchte. Für achtzehn Centime (etwa dreieinhalb Cent) bekam man ein

Viererpäckchen Zigaretten der Marke Parisiennes. Ich erinnere mich, wie ich beim Füttern der Hunde dachte, sie hätten besser zu essen als ich. Ich erinnere mich an Gespräche mit L., in denen wir ernsthaft überlegten, ob wir uns zum Abendessen eine Dose Hundefutter aufmachen sollten.

Unsere einzige andere Einkommensquelle in diesem Jahr war ein Mann namens James Sugar. (Ich mache mir nichts aus symbolischen Namen, aber Tatsachen sind Tatsachen, ich kann es nun einmal nicht ändern.) Sugar war fest angestellter Fotograf bei *National Geographic* und trat in unser Leben, weil er für einen unserer Auftraggeber an einem Artikel über die Region arbeitete. Er fuhr monatelang mit einem von der Zeitschrift zur Verfügung gestellten Mietwagen durch die Provence und machte seine Fotos, und wann immer er in unsere Gegend kam, pflegte er bei uns zu übernachten. Da ihm die Zeitschrift auch ein Spesenkonto eingeräumt hatte, steckte er uns in seiner Freundlichkeit jedes Mal das Geld zu, mit dem seine Hotelkosten abgegolten wurden. Wenn ich mich recht erinnere, war es ein Betrag von fünfzig Franc pro Nacht. L. und ich wurden praktisch seine privaten Gastwirte, und da Sugar obendrein ein liebenswerter Mensch war, freuten wir uns immer, ihn zu sehen. Problematisch dabei war nur, dass wir nie wussten, wann er auftauchen würde. Er rief niemals vorher an, und oft genug vergingen etliche

Wochen zwischen zwei Besuchen, weshalb wir lernten, nicht mit Mr. Sugar zu rechnen. Er kam aus dem Nichts, fuhr in seinem leuchtend blauen Wagen bei uns vor, blieb ein oder zwei Nächte und verschwand dann wieder. Und jedes Mal nahmen wir an, wir hätten ihn zum letzten Mal gesehen.

Am schlimmsten wurde es für uns im Spätwinter und zu Frühjahrsbeginn. Es kamen keine Schecks, einer der Hunde wurde gestohlen, und unsere Essensvorräte in der Küche schwanden nach und nach dahin. Am Ende hatten wir nur noch eine Tüte Zwiebeln, eine Flasche Speiseöl und eine Packung Pastetenteig, den jemand gekauft hatte, noch bevor wir in das Haus eingezogen waren – ein muffiges Überbleibsel aus dem vorigen Sommer. L. und ich hielten den ganzen Vormittag und noch etwas länger aus, aber um halb drei obsiegte der Hunger, und so gingen wir in die Küche, um unsere letzte Mahlzeit zuzubereiten. In Anbetracht der wenigen vorhandenen Zutaten war ein Zwiebelkuchen das Einzige, was sich machen ließ.

Als wir glaubten, unsere Kreation sei lange genug im Backofen gewesen, holten wir sie heraus, stellten sie auf den Tisch und machten uns darüber her. Wider Erwarten fanden wir sie beide köstlich. Ich glaube, wir gingen sogar so weit, sie als das Schmackhafteste zu bezeichnen, was wir je gegessen hatten; aber das war zweifellos nur ein Trick, ein halbherziger Versuch, uns bei Laune zu halten. Aber nach einigen weiteren Bissen stellte sich Enttäuschung ein. Schweren, sehr schweren Herzens mussten wir uns eingestehen, dass der Kuchen noch nicht ganz durchgebacken, dass er in der Mitte noch viel zu kalt war. Es blieb uns nichts anderes übrig, als ihn noch einmal für zehn oder fünfzehn Minuten in den Ofen zu tun. Angesichts unseres Hungers und der Tatsache, dass unsere Speicheldrüsen gerade erst aktiviert worden waren, fiel es nicht leicht, mit dem Essen aufzuhören.

Um unsere Ungeduld zu zügeln, unternahmen wir einen kurzen Spaziergang, denn wir meinten, draußen, weg von dem köstlichen Duft in der Küche, würde die Zeit schneller vergehen. Wie ich es in Erinnerung habe, gingen wir einmal ums Haus, vielleicht auch zweimal. Vielleicht kamen wir auf irgendein interessantes Thema zu sprechen (ich kann mich nicht erinnern), aber wie es auch geschah, wie lange wir auch weg waren, als wir ins Haus zurückkehrten, war die Küche voller Rauch. Wir stürzten zum Backofen und holten den Kuchen heraus, aber zu spät. Unser Essen war hinüber. Es war zu einer schwarz verkohlten Masse verbrannt, von der kein Bissen mehr zu retten war.

Heute klingt das wie eine komische Geschichte, aber damals war es alles andere als komisch. Wir waren in ein dunkles Loch gefallen, und keiner von uns konnte sich vorstellen, wie wir wieder herauskommen sollten.

In all den Jahren, die ich darum kämpfte, ein Mensch zu sein, dürfte es keinen Augenblick gegeben haben, in dem mir weniger nach Lachen oder Scherzen zumute war. Wir waren wirklich am Ende, in einer furchtbaren, beängstigenden Situation.

Das war um vier Uhr nachmittags. Keine Stunde später hielt, eine Staubwolke aufwirbelnd, Sand und Kies unter den Reifen zermalmend, der nomadische Mr. Sugar vor unserem Haus. Wenn ich mich stark genug konzentriere, sehe ich noch immer das naive, alberne Lächeln auf seinem Gesicht, mit dem er aus dem Wagen sprang und hallo sagte. Es war ein Wunder. Es war ein echtes Wunder, und ich habe es mit eigenen Augen gesehen und am eigenen Leib erlebt. Bis dahin hatte ich immer gedacht, so etwas passiere nur in Büchern.

Sugar spendierte uns an diesem Abend ein Essen in einem Zweisternerestaurant. Wir aßen reichlich und gut, wir leerten mehrere Flaschen Wein, wir lachten uns schief und krumm. Aber so köstlich das Essen auch gewesen sein mag, ich kann mich an nichts davon erinnern. Nur den Geschmack des Zwiebelkuchens habe ich nie vergessen.

3

Kurz nach meiner Rückkehr nach New York (Juli 1974) erzählte mir ein Freund die folgende Geschichte. Sie spielt in Jugoslawien, offenbar in den letzten Monaten des Zweiten Weltkriegs.

S.s Onkel gehörte zu einer serbischen Partisanengruppe, die gegen die Nazi-Besatzer kämpfte. Eines Morgens wachten er und seine Kameraden auf und fanden sich von deutschen Truppen umzingelt. Sie hatten sich in einem Bauernhaus irgendwo auf dem Lande verschanzt, es lag fast ein halber Meter Schnee, an Flucht war nicht zu denken. Da ihnen nichts Besseres einfiel, beschlossen die Männer zu losen. Sie wollten einer nach dem anderen aus dem Bauernhaus stürmen, durch den Schnee rennen und irgendwie versuchen, sich in Sicherheit zu bringen. Die Auslosung ergab, dass S.s Onkel als Dritter gehen sollte.

Er beobachtete durchs Fenster, wie der Erste auf den schneebedeckten Acker hinauslief. Aus dem Wald gegenüber eröffneten Maschinengewehre das Feuer und mähten den Mann nieder. Einen Augenblick später lief der Zweite los, und wieder geschah das Gleiche.

Die Maschinengewehre ratterten, und er fiel tot in den Schnee.

Dann war der Onkel meines Freundes an der Reihe. Ich weiß nicht, ob er an der Tür zögerte, ich weiß nicht, was für Gedanken ihm in diesem Augenblick durch den Kopf hämmerten. Mir wurde nur erzählt, dass er loslief und durch den Schnee rannte, so schnell er konnte. Er schien eine Ewigkeit zu laufen. Dann spürte er plötzlich einen Schmerz im Bein. Eine Sekunde danach fuhr eine überwältigende Wärme durch seinen Körper, und noch eine Sekunde später verlor er das Bewusstsein.

Als er aufwachte, lag er auf dem Rücken in einem Bauernkarren. Er hatte keine Ahnung, wie viel Zeit vergangen war, keine Ahnung, wie er gerettet worden war. Er hatte nur die Augen aufgeschlagen – und da lag er auf einem Karren, den irgendein Pferd oder Maultier eine Landstraße entlangzog, und starrte einem Bauern auf den Hinterkopf. Als er diesen Hinterkopf einige Sekunden lang betrachtet hatte, brachen plötzlich laute Detonationen aus den Wäldern. Zu schwach, sich zu bewegen, sah er nur immer weiter diesen Hinterkopf an, und auf einmal war der weg. Er flog dem Bauern einfach vom Rumpf, und wo eben noch ein vollständiger Mann gesessen hatte, saß nun ein Mann ohne Kopf.

Mehr Lärm, mehr Durcheinander. Ob das Pferd den Karren weiterzog oder nicht, kann ich nicht sagen, aber binnen weniger Minuten, vielleicht auch nur Sekunden, kam auf der Straße ein großes Kontingent russischer Soldaten anmarschiert. Jeeps, Panzer, Hunderte von Soldaten. Nachdem der befehlshabende Offizier einen kurzen Blick auf das Bein von S.s Onkel geworfen hatte, ließ er ihn sofort in ein Lazarett bringen, das irgendwo in der Nähe errichtet worden war. Es war nur eine baufällige Holzhütte – ein Hühnerstall vielleicht oder sonst ein Nebengebäude eines Bauernhofs. Dort erklärte der russische Arzt das Bein für verloren. Die Verletzung sei zu schwer, sagte er, er werde es abnehmen müssen.

Der Onkel meines Freundes kreischte auf. «Nicht das Bein abnehmen!», schrie er. «Bitte, ich flehe Sie an, nicht das Bein abnehmen!» Aber niemand hörte auf ihn. Die Sanitäter schnallten ihn auf den Operationstisch, und der Arzt griff nach der Säge. Er hatte sie schon angesetzt, als wieder eine Detonation ertönte. Das Dach der Hütte brach ein, die Wände klappten zusammen, das Lazarett war zerstört. Und wieder einmal verlor S.s Onkel das Bewusstsein.

Als er diesmal aufwachte, fand er sich in einem Bett wieder. Die Laken waren weich und sauber, in dem Zimmer roch es angenehm, und sein Bein war noch da, wo es hingehörte. Gleich darauf sah er einer schönen jungen Frau ins Gesicht. Sie hielt ihm lächelnd einen Löffel Brühe an den Mund. Ohne zu wissen, wie, war er aufs Neue gerettet und zu einem anderen Bauernhof gebracht worden. Noch etliche Minuten nachdem er zu sich gekommen war, vermochte er nicht zu sagen, ob er tot oder lebendig sei. Es schien ihm nicht ausgeschlossen, dass er im Himmel aufgewacht war.

Er blieb bis zu seiner Genesung in dem Haus und verliebte sich in die junge Frau, doch ist aus der Geschichte letztlich nichts geworden. Ich wünschte, ich könnte sagen, warum, aber S. hat mir die Einzelheiten nicht mitgeteilt. Ich weiß lediglich, dass sein Onkel das Bein behalten hat – und dass er nach dem Krieg nach Amerika gegangen ist, um ein neues Leben anzufangen. Irgendwie (die Umstände liegen für mich im Dunkeln) ist er schließlich als Versicherungsvertreter in Chicago gelandet.

4

L. und ich heirateten 1974. 1977 wurde unser Sohn geboren, aber ein Jahr später war unsere Ehe am Ende. Das alles ist jetzt nicht wichtig – es dient nur als Hintergrund für einen Vorfall, der sich im Frühjahr 1980 zutrug.

Wir lebten damals beide in Brooklyn, nur drei, vier Blocks voneinander entfernt, und unser Sohn teilte seine Zeit zwischen den beiden Wohnungen auf. Eines Morgens musste ich bei L. vorbei, um Daniel abzuholen und zum Kindergarten zu bringen. Ich kann mich nicht erinnern, ob ich ins Haus ging oder ob Daniel allein die Treppe herunterkam, aber ich sehe noch deutlich, wie L., gerade als wir zusammen weggehen wollten, das Fenster ihrer Wohnung im zweiten Stock aufmachte und mir Geld zuwarf. Warum sie das tat, ist ebenfalls vergessen. Vielleicht wollte sie, dass ich die Parkuhr für sie auffüllte, vielleicht sollte ich ihr irgendetwas besorgen, ich weiß es nicht mehr. Was bleibt, ist nur das offene Fenster und das Bild einer durch die Luft fliegenden Münze. Ich sehe das mit einer solchen Klarheit vor mir, fast als hätte ich Fotografien dieses Augenblicks studiert, als gehöre dies zu einem Traum, den ich seither regelmäßig geträumt habe.

Aber die Münze traf auf den Zweig eines Baumes, ihre Flugbahn in meine Hand wurde unterbrochen. Sie prallte ab, landete geräuschlos irgendwo in der Nähe, und weg war sie. Ich erinnere mich, dass ich mich bückte und den Bürgersteig absuchte, dass ich in den Blättern und Zweigen am Fuß des Baumes herumwühlte, aber die Münze war nirgends zu finden.

Ich kann diese Begebenheit auf Anfang Frühjahr datieren, weil ich weiß, dass ich später an diesem Tag ein Baseballspiel im Shea Stadium besucht habe – das Eröffnungsspiel der Saison. Einem Freund von mir waren Karten angeboten worden, und er hatte mich großzügig eingeladen, ihn zu begleiten. Ich war noch nie bei einem Eröffnungsspiel gewesen und kann mich gut daran erinnern.

Wir waren ziemlich früh da (weil die Karten an einem bestimmten Schalter abgeholt werden mussten), und als mein Freund losging, um die Sache zu erledigen, blieb ich draußen vor dem Eingang des Stadions stehen und wartete. Der Platz war völlig menschenleer. Ich duckte mich in eine Nische, um mir eine Zigarette anzuzünden (es war sehr windig an diesem Tag), und dort sah ich, keine Handbreit von meinem Fuß entfernt, eine Münze auf dem Boden liegen. Ich bückte mich, hob sie auf und steckte sie in die Tasche.

So lächerlich es sich anhören mag, ich war mir sicher, dass dies dieselbe Münze war, die ich am Vormittag in Brooklyn verloren hatte.

5

Im Kindergarten meines Sohnes war ein Mädchen, dessen Eltern sich gerade scheiden ließen. Der Vater der Kleinen war mir recht sympathisch, ein glückloser Maler, der sich mit Vorträgen zu architektonischen Themen über Wasser hielt. Mir gefielen seine Bilder sehr, aber er fand einfach keine Galeristen, die sich für seine Arbeit einsetzten. Und als er endlich einmal eine Ausstellung hatte, machte die Galerie prompt Bankrott.

B. und mich verband nur eine lockere Freundschaft, aber wir waren gern zusammen, und von jedem meiner Besuche bei ihm kehrte ich mit erneuerter Bewunderung für seine Beharrlichkeit und innere Ruhe nach Hause zurück. Er war keiner von denen, die ständig schimpften oder sich in Selbstmitleid ergingen.

So düster sich seine Lage in den letzten Jahren auch gestaltet haben mochte (endlose Geldschwierigkeiten, Ausbleiben des künstlerischen Erfolgs, Kündigungsdrohungen seines Vermieters, Scherereien mit seiner Exfrau), nichts von alldem schien ihn aus der Bahn zu werfen. Er malte mit stets gleich bleibender Leidenschaft weiter, und im Gegensatz zu so vielen anderen bekundete er niemals Verbitterung oder Neid auf weniger talentierte Künstler, denen es besser ging als ihm.

Wenn er nicht an eigenen Gemälden arbeitete, ging er gelegentlich ins Metropolitan Museum und fertigte Kopien von alten Meistern an. Ich erinnere mich an einen Caravaggio, den er einmal kopierte und den ich äußerst bemerkenswert fand. Es war eher eine Reproduktion als eine Kopie, ein exaktes Duplikat des Originals. Bei seiner Arbeit im Museum wurde B. einmal von einem texanischen Millionär beobachtet, und der war so beeindruckt, dass er ihn beauftragte, eine Kopie eines Gemäldes von Renoir anzufertigen – die er dann seiner Verlobten zum Geschenk machte.

B. war außergewöhnlich groß (knapp zwei Meter), er sah gut aus und hatte ein freundliches Wesen – Eigenschaften, die ihn für Frauen besonders attraktiv machten. Als er nach der Scheidung wieder zu haben war, konnte er sich die Frauen praktisch aussuchen. Ich sah ihn nur zwei- oder dreimal im Jahr, aber dann hatte er jedes Mal eine andere. Sie alle waren offensichtlich verrückt nach ihm. Man brauchte nur zu beobachten, wie sie B. ansahen; sie zeigten ihre Gefühle deutlich genug, aber aus irgendwelchen Gründen hielten diese Affären nie sehr lange.

Nach zwei, drei Jahren machte B.s Vermieter seine Drohungen schließlich wahr und kündigte ihm den

Mietvertrag für seinen Loft. B. zog aus der Stadt, und ich verlor den Kontakt zu ihm.

Es vergingen etliche Jahre, und dann kam B. eines Abends in die Stadt zurück, um an einer Dinnerparty teilzunehmen. Meine Frau und ich waren auch da, und da wir wussten, dass B. demnächst heiraten würde, baten wir ihn zu erzählen, wie er seine künftige Frau kennengelernt habe.

Vor etwa sechs Monaten, sagte er, habe er mit einem Freund telefoniert. Dieser Freund habe sich Sorgen um ihn gemacht und nach einer Weile angefangen, B. Vorhaltungen zu machen, dass er nicht wieder geheiratet habe. Deine Scheidung liegt jetzt sieben Jahre zurück, sagte er, und in dieser Zeit hättest du ein Dutzend attraktive und bemerkenswerte Frauen heimführen können. Aber keine ist gut genug für dich, du hast sie alle abgewiesen. Was hast du bloß, B.? Was erwartest du denn eigentlich?

Ich habe überhaupt nichts, sagte B. Ich habe bloß noch nicht die Richtige gefunden, das ist alles.

Bei deinem Verschleiß wird dir das nie gelingen, erwiderte der Freund. Ich meine, hast du jemals eine Frau kennengelernt, die dem, was du suchst, nahekommt? Nenn mir eine. Na los, nenn mir eine, eine einzige.

Verblüfft von der Heftigkeit seines Freundes, wurde B. still und dachte sorgfältig über die Frage nach. Ja, sagte er schließlich, eine habe es gegeben. Ihr Name sei E., er habe sie vor über zwanzig Jahren während seines Studiums in Harvard kennengelernt. Aber sie sei damals mit einem anderen zusammengewesen, und er selbst habe auch eine andere gehabt (seine künftige Exfrau), deshalb habe sich nichts mit ihr ergeben. Er habe keine Ahnung, wo E. jetzt lebe, sagte er, aber wenn er jemanden wie sie kennenlernen könnte, würde er mit Sicherheit nicht zögern, noch einmal zu heiraten.

Damit war das Telefonat zu Ende. Bis er sie seinem Freund gegenüber erwähnt hatte, hatte er mehr als zehn Jahre lang nicht an diese Frau gedacht, aber jetzt, da sie wieder in seinen Gedanken aufgetaucht war, konnte er kaum noch an etwas anderes denken. In den nächsten drei, vier Tagen dachte er unablässig an sie, er konnte das Gefühl nicht loswerden, dass er vor vielen Jahren seine einzige Chance auf ein glückliches Leben verspielt hatte. Und dann, fast als wäre durch die Intensität dieser Gedanken ein Signal in die Welt hinausgeschickt worden, klingelte eines Abends das Telefon, und am anderen Ende der Leitung war E.

B. ließ sie erst nach über drei Stunden wieder auflegen. Er wusste kaum, was er zu ihr sagte, redete aber bis nach Mitternacht weiter, denn ihm war klar, dass sich etwas Wichtiges ereignet hatte und dass er diese Frau nicht noch einmal ziehen lassen durfte.

E. hatte sich nach dem Collegeabschluss einer Tanztruppe angeschlossen und dann zwanzig Jahre lang nur für ihre Karriere gelebt. Geheiratet hatte sie nicht, und nun, da sie als Tänzerin aufhören wollte, versuchte sie, wieder Kontakt mit der Welt aufzunehmen, und rief alte Freunde aus ihrer Vergangenheit an. Sie hatte keine Familie (ihre Eltern waren bei einem Autounfall ums Leben gekommen, als sie noch ein kleines Mädchen war) und war bei zwei Tanten aufgewachsen, die inzwischen beide gestorben waren.

B. verabredete sich mit ihr für den nächsten Abend. Als sie erst zusammensaßen, brauchte er nicht lange, um festzustellen, dass seine Gefühle für sie tatsächlich genauso stark waren, wie er sich vorgestellt hatte. Er verliebte sich noch einmal in sie, und einige Wochen später waren sie verlobt.

Und was die Geschichte noch perfekter machte: Es stellte sich heraus, dass E. finanziell vollkommen unabhängig war. Ihre Tanten waren reich gewesen, und nach ihrem Tod hatte sie das ganze Geld geerbt – B. hatte also nicht nur seine wahre Liebe gefunden, sondern war auch plötzlich die drückenden Geldsorgen los, die ihn seit so vielen Jahren geplagt hatten. Und das alles auf einen Streich.

Ein, zwei Jahre nach der Hochzeit bekamen sie ein Kind. Nach jüngsten Berichten sind Mutter, Vater und Baby glücklich und zufrieden.

6

In so ziemlich die gleiche Richtung, jedoch über eine kürzere Zeitspanne (einige Monate im Gegensatz zu zwanzig Jahren) geht eine Geschichte, die ich von R. habe, einem Freund, der vergeblich in Buchhandlungen und Katalogen nach einem gewissen ausgefallenen Buch gefahndet hatte, einem, wie er meinte, außergewöhnlichen Werk, das er unbedingt lesen wollte. Eines Nachmittags nahm er auf dem Weg durch die Stadt eine Abkürzung durch die Grand Central Station, stieg die Treppe zur Vanderbilt Avenue hinauf und erblickte dort am Marmorgeländer eine junge Frau mit einem Buch in der Hand: Es war dasjenige, das er so dringend gesucht hatte.

Obgleich er normalerweise nicht zu denen gehört, die Fremde ohne weiteres ansprechen, war R. von diesem Zufall so verblüfft, dass er nicht schweigen konnte. «Ob Sie's glauben oder nicht», sagte er zu der jungen Frau, «nach diesem Buch habe ich überall gesucht.»

«Es ist wunderbar», antwortete die junge Frau. «Ich bin gerade damit fertig geworden.»

«Wissen Sie, wo ich es mir kaufen könnte?», fragte

R. «Ich kann Ihnen gar nicht sagen, wie viel mir daran liegt.»

«Nehmen Sie meins», antwortete die Frau.

«Aber das gehört Ihnen», sagte R.

«Es *hat* mir gehört», sagte die Frau, «aber jetzt bin ich damit fertig. Ich bin heute hierher gekommen, um es Ihnen zu schenken.»

7

Vor zwölf Jahren ging die Schwester meiner Frau nach Taiwan. Sie wollte dort Chinesisch studieren (was sie heute mit atemberaubender Gewandtheit beherrscht) und sich den Lebensunterhalt mit Englischunterricht für die in Taipeh lebenden Chinesen verdienen. Das war, etwa ein Jahr bevor ich meine Frau kennenlernte, die damals an der Columbia University ein Graduiertenstudium absolvierte.

Eines Tages unterhielt sich meine künftige Schwägerin mit einer amerikanischen Bekannten, einer jungen Frau, die ebenfalls nach Taipeh gegangen war, um Chinesisch zu studieren. Als sie auf ihre Familien daheim zu sprechen kamen, ergab sich folgender Dialog:

«Ich habe eine Schwester in New York», sagte meine künftige Schwägerin.

«Ich auch», antwortete ihre Bekannte.

«Meine Schwester lebt auf der Upper West Side.»

«Meine auch.»

«Meine Schwester wohnt in der West 109th Street.»

«Ob Sie's glauben oder nicht: meine auch.»

«Meine Schwester wohnt im Haus Nummer 309 an der West 109th Street.»

«Meine auch!»

«Meine Schwester wohnt im ersten Stock des Hauses Nummer 309 an der West 109th Street.»

Die Bekannte holte tief Luft und sagte: «Ich weiß, das hört sich verrückt an, aber meine auch.»

Die beiden Städte Taipeh und New York liegen denkbar weit auseinander. Sie befinden sich an entgegengesetzten Enden der Erde, sind über fünfzehntausend Kilometer voneinander entfernt, und wenn in der einen Tag ist, ist in der anderen Nacht. Die beiden jungen Frauen in Taipeh staunten noch über die soeben entdeckte unglaubliche Verbindung, als ihnen aufging, dass ihre beiden Schwestern in diesem Augenblick wahrscheinlich schliefen. Auf derselben Etage desselben Gebäudes im Norden Manhattans schliefen sie jede in ihrer Wohnung, ohne etwas von dem Gespräch zu ahnen, das auf der anderen Seite des Globus über sie geführt wurde.

Wie sich herausstellte, kannten die beiden in New York einander nicht, obwohl sie Nachbarinnen waren. Als sie sich schließlich (zwei Jahre später) kennenlernten, wohnten sie beide nicht mehr in diesem Haus.

Siri und ich hatten inzwischen geheiratet. Eines Abends traten wir auf dem Weg zu irgendeiner Verabredung am Broadway in eine Buchhandlung und sahen uns ein wenig um. Dabei müssen wir in verschiedene Gänge geraten sein, denn weil Siri mir etwas zeigen wollte oder weil ich ihr etwas zeigen wollte (ich kann mich nicht erinnern), rief einer von uns den anderen beim Namen. Eine Sekunde später stürzte eine Frau auf uns zu. «Sie sind Paul Auster und Siri Hustvedt, stimmt's?», sagte sie. – «Ja», sagten wir, «stimmt genau. Woher wissen Sie das?» Darauf erklärte die Frau, dass ihre Schwester und Siris Schwester zusammen in Taiwan studiert hätten.

Endlich hatte sich der Kreis geschlossen. Seit jenem Abend vor zehn Jahren in der Buchhandlung ist diese Frau eine unserer besten und treuesten Freundinnen.

8

Im Sommer vor drei Jahren bekam ich eines Tages einen Brief. Er steckte in einem länglichen weißen Umschlag, adressiert an jemanden, dessen Name mir unbekannt war: Robert M. Morgan in Seattle, Washington. Auf der Vorderseite befanden sich verschiedene Stempel von der Post: *Nicht zustellbar, Adressat unbekannt, Zurück an Absender.* Mr. Morgans Name war mit Tinte durchgestrichen, und daneben hatte jemand geschrieben: *Nicht unter dieser Anschrift.* Ein Pfeil in derselben blauen Tinte wies in die linke obere Ecke des Umschlags, mit dem Vermerk: *Zurück an Absender.* In der Annahme, die Post habe sich geirrt, sah ich links oben nach und entdeckte dort zu meiner absoluten Verblüffung meinen eigenen Namen samt meiner Adresse. Und nicht nur das: Diese Angaben standen auch noch gedruckt auf einem Adressenaufkleber (von der Art, für die in Anzeigen auf Streichholzschachteln geworben wird und die man sich in Blocks zu zweihundert Stück bestellen kann). Der Name war korrekt geschrieben, ebenso die Adresse – und doch war es (und ist es noch immer) eine Tatsache, dass ich niemals in meinem Leben solche gedruckten Adressenaufkleber besessen oder bestellt habe.

In dem Umschlag befand sich ein mit einzeiligem Abstand getipptes Schreiben, das folgendermaßen begann: «Lieber Robert, zu Ihrem Brief vom 15. Juli 1989 kann ich nur sagen, dass ich, wie andere Autoren auch, häufig Post zu meinen Büchern erhalte.» Dann hebt der Verfasser an, in einem pompösen, hochgestochenen Stil, vermengt mit Zitaten französischer Philosophen, und in einem von Dünkel und Selbstzufriedenheit triefenden Tonfall «Robert» für die Ideen zu loben, die er anlässlich eines Collegekurses über den zeitgenössischen Roman zu einem meiner Bücher entwickelt habe. Der Brief war geradezu niederträchtig, nicht im Traum würde mir einfallen, jemandem etwas Derartiges zu schreiben, und doch war er mit meinem Namen unterzeichnet. Die Handschrift hatte mit meiner keine Ähnlichkeit, aber das war nur ein schwacher Trost. Irgendjemand da draußen versuchte, sich für mich auszugeben, und soviel ich weiß, tut er das noch immer.

Ein Freund behauptete, es handele sich hier um einen Fall von «Briefkunst». Der Verfasser habe gewusst, dass der Brief nicht an Robert Morgan gelangen konnte (da dieser gar nicht existiere), und seine Auslassungen daher tatsächlich an mich adressiert. Dies aber würde einen durch nichts gerechtfertigten Glauben an die amerikanische Post voraussetzen, und ich bezweifle auch, dass jemand, der sich die Mühe macht, Adressenaufkleber mit meinem Namen zu bestellen und dann einen so arroganten, hochtrabenden Brief zu schreiben, irgendetwas dem Zufall überlassen würde. Oder doch? Vielleicht glauben die Wichtigtuer dieser Welt ja wirklich, dass alles stets nach ihren Wünschen läuft.

Ich habe wenig Hoffnung, jemals Licht in dieses kleine Geheimnis zu bringen. Der Scherzbold hat seine Spuren gründlich verwischt und sich seither auch nicht mehr gemeldet. An mir selbst verwirrt mich dabei, dass ich den Brief nicht fortgeworfen habe, obwohl es mich noch immer jedes Mal schaudert, wenn ich ihn ansehe. Ein vernünftiger Mensch hätte den Schrieb in die Mülltonne geschmissen. Stattdessen habe ich ihn, aus mir unerfindlichen Gründen, seit drei Jahren auf meinem Schreibtisch liegen und zum festen Inventar zwischen meinen Bleistiften, Notizbüchern und Radiergummis werden lassen. Vielleicht behalte ich ihn als Denkmal meiner eigenen Torheit. Vielleicht will ich mich auf diese Weise daran erinnern, dass ich nichts weiß, dass die Welt, auf der ich lebe, sich mir ewig entziehen wird.

9

Einer meiner engsten Freunde ist der französische Dichter C. Wir kennen uns jetzt seit über zwanzig Jahren, und dass wir uns nur selten sehen (er lebt in Paris, ich in New York), kann unserer Verbindung nichts anhaben. Es ist eine brüderliche Verbundenheit, als wären wir in einem früheren Leben tatsächlich Brüder gewesen.

C. vereint vielfältige Widersprüche in sich. Er ist zugleich weltoffen und weltabgewandt, eine charismatische Gestalt mit zahlreichen Freunden (berühmt für seine Freundlichkeit, seinen Humor, seine geistreiche Konversation) und ein vom Leben Verwundeter, der einfache Dinge, die anderen Menschen selbstverständlich sind, nur mit Mühe zustande bringt. C. ist ein außergewöhnlich begabter Poet und Poetologe, doch lähmen ihn häufig Schreibhemmungen und morbide Selbstzweifel sowie (was bei einem so großmütigen Menschen, der vollkommen ohne Arg ist, überraschen mag) langwierige Zerwürfnisse und Streitigkeiten über meist belanglose oder abstrakte Prinzipien. Niemand genießt größere allgemeine Bewunderung als er, niemand verfügt über mehr Talent, niemand gerät so mühelos ins Zentrum der Aufmerksamkeit, und dennoch hat er stets getan, was er konnte, um sich an den Rand zu drücken. Er hat sich vor vielen Jahren von seiner Frau getrennt; seither wohnt er in oft wechselnden kleinen Einzimmerapartments, lebt fast ohne Geld und nur von sporadischen Arbeiten, veröffentlicht wenig und weigert sich, auch nur die kleinste Rezension zu schreiben, obwohl er alles liest und mehr über die zeitgenössische Dichtung weiß als jeder andere Franzose. Denjenigen von uns, die ihn lieben (und wir sind viele), gibt C. oft Anlass zur Beunruhigung. Im gleichen Maße, wie wir ihn respektieren und uns sein Wohlergehen am Herzen liegt, machen wir uns Sorgen um ihn.

Er hatte eine schwere Kindheit. Ich kann nicht sagen, ob sich damit irgendetwas erklären lässt, aber die Tatsache darf man nicht übersehen. Als C. noch ein kleiner Junge war, ist sein Vater offenbar mit einer anderen Frau durchgebrannt, und danach wuchs mein Freund als Einzelkind ohne nennenswertes Familienleben bei seiner Mutter auf. Ich habe C.s Mutter nie kennengelernt, aber nach allem, was man hört, muss sie eine bizarre Persönlichkeit sein. In C.s Kindheit und Jugend hatte sie etliche Affären mit Männern, einer jünger als der andere. Als C. mit einundzwanzig von zu Hause wegging und in die Armee eintrat, war der gerade aktuelle Liebhaber seiner Mutter kaum älter als er selbst. Seit einigen Jahren ist der Hauptzweck ihres Lebens eine Kampagne für die Heiligsprechung eines gewissen italienischen Priesters (dessen Name mir jetzt nicht einfällt). Sie bestürmt die katholischen Kirchenoberen mit zahllosen Briefen, in denen sie die Heiligkeit dieses Mannes herausstellt, und hat sogar einmal einen Künstler mit der Schaffung einer lebensgroßen Statue des Priesters beauftragt – die jetzt als dauerhaftes Zeugnis ihres Engagements bei ihr im Vorgarten steht.

C. selbst hat zwar keine Kinder, ist aber vor sieben, acht Jahren eine Art Pseudovater geworden. Nach einem Streit mit seiner Freundin (dem sich eine zeitweilige Trennung anschloss) hatte diese eine kurze Affäre mit einem anderen und wurde schwanger. Die Affäre endete ziemlich abrupt, doch auf das Kind wollte sie nicht verzichten. Es war ein Mädchen, und obwohl C. nicht der wirkliche Vater war, widmete er sich der Kleinen seit dem Tag ihrer Geburt mit Hingabe und liebt sie heiß und innig wie sein eigen Fleisch und Blut.

Vor etwa vier Jahren war C. einmal bei einem Freund zu Besuch. In der Wohnung stand ein *Minitel*, ein kleiner Computer, der von der französischen Telefongesellschaft kostenlos ausgegeben wird. So ein *Minitel* enthält unter anderem die Adressen und Telefonnummern aller in Frankreich lebenden Personen. Als C. dort saß und mit dem neuen Gerät herumspielte, kam er plötzlich auf die Idee, die Adresse seines Vaters nachzuschlagen. Er fand sie in Lyon. Kurz darauf ging er nach Hause zurück, steckte eins seiner Bücher in einen Umschlag und schickte es an die Lyoner Anschrift – wodurch er zum ersten Mal seit über vierzig Jahren Kontakt mit seinem Vater aufnahm. Das Ganze erschien ihm völlig abwegig. Bis er sich bei diesem Schritt ertappte, war es ihm nie in den Sinn gekommen, dergleichen tun zu wollen.

Am Abend dieses Tages hatte er in einem Café noch eine Begegnung – mit einer befreundeten Psychoanalytikerin, der er von seiner merkwürdigen ungeplanten Handlung erzählte. Es sei ihm, als habe sein Vater nach ihm gerufen, sagte er, als habe sich irgendeine unheimliche Macht in seinem Innern verselbständigt. Da er absolut keine Erinnerung an den Mann habe, könne er noch nicht einmal sagen, wann sie einander das letzte Mal gesehen hätten.

Die Frau dachte kurz nach und fragte dann: «Wie alt ist L.?» Sie meinte die Tochter von C.s Freundin.

«Dreieinhalb», antwortete C.

«Ich bin mir nicht sicher», sagte die Frau, «aber ich würde wetten, dass Sie selbst auch dreieinhalb Jahre alt waren, als Sie Ihren Vater das letzte Mal gesehen haben. Ich sage das, weil Sie L. so lieben. Sie identifizieren sich sehr mit ihr, und Sie leben durch sie Ihr Leben noch einmal.»

Einige Tage später kam aus Lyon die Antwort – ein freundlicher, geradezu herzlicher Brief von C.s Vater. Er dankte C. für das Buch und schrieb ihm dann, mit welchem Stolz er vernommen habe, dass sein Sohn Schriftsteller geworden sei. Rein zufällig, fügte er hinzu, sei das Päckchen an seinem Geburtstag abgeschickt worden, und die symbolische Bedeutung dieser Geste habe ihn tief berührt.

Nichts davon passte zu den Geschichten, die C. in seiner Kindheit ständig gehört hatte. Seiner Mutter zufolge war sein Vater ein egoistischer Unmensch, der sie wegen einer «Schlampe» verlassen hatte und mit seinem Sohn nie etwas zu tun haben wollte. C. hatte diese Geschichten geglaubt und daher jede Kontaktaufnahme mit seinem Vater gescheut. Jetzt, nach diesem Brief, wusste er nicht mehr, was er glauben sollte.

Er entschloss sich zu antworten. Seine Reaktion war zurückhaltend, aber immerhin war es eine Reaktion. Nur wenige Tage später kam wieder eine Antwort, und dieser zweite Brief war ebenso warm und herzlich wie der Erste. C. und sein Vater begannen eine Korrespondenz. Und nach ein, zwei Monaten schließlich kam C. auf den Gedanken, nach Lyon zu fahren und seinen Vater persönlich kennenzulernen.

Bevor er irgendwelche festen Pläne machen konnte, kam ein Brief von der Frau seines Vaters, worin sie ihm mitteilte, dass sein Vater gestorben sei. Er habe in den vergangenen Jahren gesundheitliche Probleme gehabt, schrieb sie, aber der Briefwechsel mit C. habe ihn sehr glücklich gemacht, und seine letzten Tage seien von Optimismus und Lebensfreude erfüllt gewesen.

Ich selbst erfuhr erst zu diesem Zeitpunkt von den unglaublichen Umwälzungen, die sich in C.s Leben vollzogen hatten. Im Zug von Paris nach Lyon (auf dem Weg zum ersten Besuch bei seiner «Stiefmutter») schrieb er mir einen Brief, in dem er mir die Geschichte des letzten Monats in groben Umrissen mitteilte. In seiner Handschrift spiegelt sich jedes Rütteln der Gleise, als sei die Geschwindigkeit des Zuges ein exaktes Abbild der Gedanken, die ihm durch den Kopf stürmten. Irgendwo in diesem Brief schreibt er: «Es kommt mir vor, als wäre ich zu einer Figur in einem deiner Romane geworden.»

Die Frau seines Vaters behandelte ihn während seines Besuchs mit aller erdenklichen Freundlichkeit. C. erfuhr unter anderem, dass sein Vater am Morgen seines letzten Geburtstags (also an demselben Tag, an dem C. seine Adresse im *Minitel* nachgesehen hatte) einen Herzinfarkt erlitten hatte und dass er, C., zur Zeit der Scheidung seiner Eltern tatsächlich genau dreieinhalb Jahre alt gewesen war. Die Stiefmutter erzählte ihm auch seine Lebensgeschichte aus der Sicht seines Vaters – und die widersprach in allen Punkten dem, was die Mutter ihm erzählt hatte. Nach dieser Version war es seine Mutter, die den Vater verlassen hatte; es war seine Mutter, die dem Vater verboten hatte, ihn zu sehen; es war seine Mutter, die dem Vater das Herz gebrochen hatte. Sie erzählte C., als er ein kleiner Junge gewesen sei, habe sein Vater oft am Schulhof gestanden, um ihn durch den Zaun zu beobachten. C. konnte sich an diesen Mann erinnern, er hatte damals Angst vor ihm gehabt, weil er ihn nicht kannte.

Nun hatte C. zwei Leben. Es gab die Versionen A und B, und beide waren seine Geschichte. Beide hatte er zu gleichen Teilen gelebt, zwei Wahrheiten, die einander aufhoben, und er hatte die ganze Zeit über, ohne etwas davon zu ahnen, in der Mitte gehangen.

Sein Vater hatte einen kleinen Schreibwarenladen besessen (das übliche Angebot von Papier und Schreibutensilien, dazu eine Leihbücherei mit populären Büchern). Das Geschäft brachte ihm genug zum Leben ein, viel mehr aber auch nicht, und so war sein Nachlass auch recht bescheiden. Die Zahlen sind jedoch nicht von Belang. Wichtig ist, dass C.s Stiefmutter (inzwischen eine alte Frau) es sich nicht nehmen ließ, das Geld halb und halb mit ihm zu teilen. Im Testament war davon keine Rede, und auch moralisch war sie keineswegs verpflichtet, auch nur einen Sou von den Ersparnissen ihres Mannes herauszugeben. Sie tat es, weil sie es wollte, weil sie glücklicher damit war, das Geld zu teilen, als es für sich zu behalten.

10

Beim Thema Freundschaft, besonders wenn ich darüber nachdenke, wie manche Freundschaften Bestand
haben und andere nicht, fällt mir unwillkürlich ein,
dass ich in all meinen Jahren als Autofahrer erst vier
Reifenpannen gehabt habe und dass dabei jedes Mal
dieselbe Person mit mir im Wagen gesessen hat (in drei
verschiedenen Ländern, verteilt auf einen Zeitraum
von acht bis neun Jahren). J. und ich kannten uns vom
College her, und obwohl unsere Freundschaft nie ganz
frei von Zwist und Unbehagen war, kamen wir eine
Zeitlang gut miteinander aus. Einmal im Frühling,
noch während des Studiums, liehen wir uns den ural-
ten Kombi meines Vaters und fuhren in die Wildnis
von Quebec hinauf. Dort herrschte noch Winter, denn
in diesem Teil der Welt vollzieht sich der Wechsel der
Jahreszeiten langsamer als anderswo. Die erste Reifenpanne war kein Problem (wir hatten einen Ersatzreifen
dabei), doch als keine Stunde später der zweite Reifen
platzte, saßen wir fast den ganzen Tag in der frostigen
rauen Landschaft fest. Damals bin ich mit einem Achselzucken darüber hinweggegangen, es war eben Pech;

aber als J. vier, fünf Jahre später nach Frankreich kam und L. und mich in dem Haus besuchte, wo wir als Verwalter arbeiteten (er war in elender Verfassung, wie gelähmt vor Gram und Selbstmitleid, und merkte nicht, dass er unsere Gastfreundschaft strapazierte), geschah das Gleiche. Wir fuhren für einen Tag nach Aix-en-Provence (eine Fahrt von etwa zwei Stunden), und auf dem Rückweg, spätabends auf einer dunklen, abgelegenen Landstraße, hatten wir wieder einen Platten. Zufall, dachte ich und verdrängte den Vorfall aus meinen Gedanken. Aber vier Jahre später, in den letzten Monaten meiner Ehe mit L., war J. wieder bei uns zu Besuch – diesmal im Bundesstaat New York, wo L. und ich mit dem kleinen Daniel lebten. Eines Tages stiegen J. und ich ins Auto, um etwas zum Abendessen zu besorgen. Ich setzte den Wagen aus der Garage, wendete auf der unbefestigten Einfahrt, hielt an der Straße, sah nach links, rechts und links und wollte losfahren. In diesem Augenblick, als ich noch einen vorbeikommenden Wagen abwartete, vernahm ich das unverkennbare Zischen. Wieder war einem Reifen die Luft ausgegangen, und diesmal hatten wir noch nicht einmal das Grundstück verlassen. J. und ich lachten natürlich, aber fest steht, dass unsere Freundschaft sich von dieser vierten Reifenpanne nie mehr richtig erholt hat. Ich sage nicht, diese Reifenpannen seien der Grund für unsere Entfremdung gewesen, doch auf irgendeine verquere Art waren sie ein Symbol dafür, wie es immer zwischen uns gestanden hatte, das Zeichen eines unfasslichen Fluchs. Ich will nicht übertreiben, aber noch heute fällt es mir schwer, diese Reifenpannen als bedeutungslos abzutun. Denn Tatsache ist, dass J. und ich keinen Kontakt mehr haben, dass wir seit über zehn Jahren nicht mehr miteinander gesprochen haben.

11

1990 war ich wieder einmal für ein paar Tage in Paris. Eines Nachmittags besuchte ich eine Bekannte von mir in ihrem Büro und wurde dort einer Tschechin vorgestellt – sie mochte Ende vierzig oder Anfang fünfzig sein, war Kunsthistorikerin und eine Freundin meiner Bekannten. Eine attraktive und lebhafte Person, das weiß ich noch, aber da sie eben gehen wollte, als ich kam, verbrachte ich höchstens fünf bis zehn Minuten in ihrer Gesellschaft. Wie in solchen Fällen üblich, sprachen wir über nichts Besonderes: eine Stadt in Amerika, die wir beide kannten; ein Buch, das sie gerade las; das Wetter. Dann gaben wir uns die Hand, sie schritt aus der Tür, und ich habe sie nie wiedergesehen.

Nachdem sie gegangen war, lehnte sich meine Bekannte in ihrem Sessel zurück und sagte: «Willst du eine gute Geschichte hören?»

«Natürlich», sagte ich, «an guten Geschichten bin ich immer interessiert.»

«Ich habe meine Freundin sehr gern», fuhr sie fort, «also komm nicht auf falsche Gedanken. Es geht mir nicht darum, Gerüchte über sie zu verbreiten. Ich habe nur das Gefühl, du hast ein Recht darauf, das zu erfahren.»

«Bist du sicher?»

«Ja, bin ich. Aber eins musst du mir versprechen. Falls du die Geschichte jemals aufschreibst, darfst du keine Namen nennen.»

«Ist versprochen», sagte ich.

Darauf weihte mich meine Bekannte in das Geheimnis ein. Sie hat für die ganze Geschichte, die ich jetzt wiedergeben will, keine drei Minuten gebraucht.

Die Frau, die ich eben kennengelernt hatte, kam während des Krieges in Prag zur Welt. Als sie noch ein Baby war, wurde ihr Vater gefangen genommen, zum Dienst in der deutschen Armee zwangsverpflichtet und nach Russland an die Front geschickt. Sie und ihre Mutter haben nie mehr von ihm gehört. Sie bekamen keine Briefe, keine Nachrichten, ob er noch lebte oder schon tot war, nichts. Der Krieg hatte ihn einfach verschlungen, er war spurlos verschwunden.

Jahre vergingen. Das Mädchen wuchs heran. Sie beendete ihr Studium und wurde Professorin für Kunstgeschichte. Meiner Bekannten zufolge bekam sie während des russischen Einmarschs Ende der sechziger Jahre Schwierigkeiten mit der Regierung, aber worin genau diese Schwierigkeiten bestanden, ist mir nie ganz klar geworden. In Anbetracht der Geschichten, die ich von anderen Leuten aus dieser Zeit kenne, kann ich es mir aber ungefähr denken.

Irgendwann durfte sie ihre Lehrtätigkeit wieder aufnehmen. In einem ihrer Seminare war ein Austauschstudent aus Ostdeutschland. Sie und der junge Mann verliebten sich ineinander und heirateten am Ende.

Kurz nach der Hochzeit kam ein Telegramm mit der Nachricht vom Tod ihres Schwiegervaters. Am nächsten Tag fuhren sie und ihr Mann zur Beerdigung nach Ostdeutschland. Dort, in welchem Ort es auch gewesen sein mag, erfuhr sie, dass ihr verstorbener Schwiegervater in der Tschechoslowakei geboren war.

Während des Krieges war er von den Nazis gefangen genommen, zum Dienst in der deutschen Armee zwangsverpflichtet und nach Russland an die Front geschickt worden. Wie durch ein Wunder hatte er überlebt. Anstatt jedoch nach dem Krieg in die Tschechoslowakei zurückzukehren, hatte er sich unter einem neuen Namen in Deutschland niedergelassen, eine Deutsche geheiratet und mit seiner neuen Familie bis zu seinem Tod in diesem Land gelebt. Der Krieg hatte ihm die Chance gegeben, noch einmal ganz von vorn anzufangen, und wie es scheint, hat er sich nie nach dem alten Leben zurückgesehnt.

Als die Freundin meiner Bekannten den ursprünglichen tschechischen Namen des Mannes erfuhr, bestand kein Zweifel mehr, dass es ihr Vater war.

Da der Vater ihres Mannes mit ihrem eigenen identisch war, bedeutete das natürlich, dass der Mann, den sie geheiratet hatte, gleichzeitig auch ihr Bruder war.

12

Vor vielen Jahren würgte mein Vater an einer roten
Ampel seinen Wagen ab. Ein furchtbares Gewitter
tobte an jenem Nachmittag, und genau in dem Augenblick, als der Motor ausging, schlug am Straßenrand
der Blitz in einen großen Baum. Der Stamm brach in
zwei Teile, und während mein Vater noch den Wagen
wieder in Gang zu bringen versuchte (ohne zu merken,
dass die obere Hälfte des Baums gleich herabstürzen
würde), erkannte der Fahrer des Wagens hinter ihm
die Gefahr, gab Gas und schob das Auto meines Vaters
über die Kreuzung. Sekunden später krachte der Baum
exakt auf die Stelle, wo eben noch mein Vater gestanden
hatte. Es wäre sein Ende gewesen, so aber war es gerade
noch einmal gutgegangen, bloß eine kurze Episode in
der laufenden Geschichte seines Lebens.

Ein, zwei Jahre später arbeitete mein Vater auf dem
Dach eines Gebäudes in Jersey City. Aus irgendeinem
Grund (ich habe es nicht mit eigenen Augen gesehen)
rutschte er über die Kante und setzte zum freien Fall
an. Wieder schien die Katastrophe unausweichlich,
und wieder wurde er gerettet. Eine Wäscheleine

bremste seinen Sturz, und als er aufstand, hatte er nur ein paar Beulen und Hautabschürfungen. Nicht einmal eine Gehirnerschütterung. Kein einziger Knochen gebrochen.

Im selben Jahr ließen sich unsere Nachbarn gegenüber von zwei Männern das Haus anstreichen. Einer der Arbeiter fiel vom Dach und starb.

Das kleine Mädchen, das in diesem Haus wohnte, war zufällig die beste Freundin meiner Schwester. An einem Winterabend gingen die beiden zu einer Kostümparty (sie waren sechs oder sieben Jahre alt, und ich war neun oder zehn). Es war verabredet, dass mein Vater sie nach der Party abholen würde, und als es so weit war, fuhr ich mit, um ihm im Auto Gesellschaft zu leisten. Es war bitterkalt an diesem Abend, und die Straßen waren mit einer tückischen Eisdecke überzogen. Mein Vater fuhr vorsichtig, und wir überstanden die Hin- und Rückfahrt ohne Zwischenfall. Doch als wir vor dem Haus der Kleinen vorfuhren, trat eine ganze Reihe unwahrscheinlicher Ereignisse auf einmal ein.

Die Freundin meiner Schwester war als Fee verkleidet. Zur Vervollständigung des Kostüms hatte sie sich von ihrer Mutter ein Paar Stöckelschuhe ausgeliehen, und da ihr diese Schuhe viel zu groß waren, geriet jeder einzelne Schritt zu einem Abenteuer. Mein Vater brachte den Wagen zum Stehen und stieg aus, weil er sie noch zur Haustür begleiten wollte. Ich saß mit den Mädchen hinten und musste aussteigen, um die Freundin meiner Schwester hinauszulassen. Ich weiß noch, wie ich auf dem Bordstein stand, während sie von der Rückbank kroch, und dann, gerade als sie ins Freie kam, bemerkte ich, dass der Wagen langsam rückwärts rollte – entweder lag es am Glatteis, oder mein Vater hatte vergessen, die Handbremse zu ziehen (ich weiß es nicht) –, doch ehe ich meinen Vater darauf hinweisen konnte, kam die Freundin meiner Schwester mit den Stöckelschuhen ihrer Mutter an den Bordstein und glitt aus. Sie rutschte unter das Auto – das sich noch immer bewegte – und war drauf und dran, von den Reifen unseres Chevy zu Tode gequetscht zu werden. Wie ich es in Erinnerung habe, gab sie keinen Ton von sich. Ohne nachzudenken, beugte ich mich vor, packte ihre rechte Hand und zog sie mit einer raschen Bewegung auf den Bürgersteig. Eine Sekunde später bemerkte endlich auch mein Vater, dass der Wagen sich bewegte. Er sprang auf den Fahrersitz, trat auf die Bremse und brachte den Schlitten zum Stehen. Die ganze Kette von Missgeschicken kann von Anfang bis Ende höchstens acht bis zehn Sekunden gedauert haben.

Noch Jahre danach sonnte ich mich in dem Gefühl, etwas wahrhaft Großes geleistet zu haben. Ich hatte einem Menschen das Leben gerettet, und im Nachhinein staunte ich immer wieder, wie schnell ich gehandelt hatte, wie sicher meine Bewegungen im entscheidenden Augenblick gewesen waren. Immer wieder durchlebte ich diese Rettungsaktion; immer wieder spielte sich vor meinem inneren Auge die Szene ab, wie ich dieses kleine Mädchen unter dem Wagen hervorzog.

Etwa zwei Jahre nach diesem Ereignis zog unsere Familie in ein anderes Haus. Meine Schwester verlor den Kontakt zu ihrer Freundin, und ich selbst habe sie erst fünfzehn Jahre später wiedergesehen.

Es war Juni, meine Schwester und ich waren zu einem kurzen Besuch in die Stadt gekommen. Rein zufällig kam ihre alte Freundin vorbei, um guten Tag zu sagen. Sie war jetzt eine junge Frau von zweiundzwanzig Jahren und hatte Anfang des Monats das College abgeschlossen, und ich muss sagen, es machte mich nicht wenig stolz, dass sie es geschafft hatte, unversehrt erwachsen zu werden. Beiläufig erwähnte ich jenen Abend, an dem ich sie unter dem Wagen hervorgezogen hatte. Ich wollte wissen, wie gut sie sich noch an ihre Begegnung mit dem Tod erinnerte, aber die Miene, mit der sie auf meine Frage reagierte, sagte deutlich genug, dass sie sich an gar nichts erinnerte. Ein verständnisloser Blick. Ein leichtes Stirnrunzeln. Ein Achselzucken. Sie wusste nichts mehr davon!

Da erst wurde mir klar: Sie hatte damals gar nicht gemerkt, dass der Wagen sich bewegte. Sie hatte gar nicht gewusst, dass sie sich in Gefahr befand. Für sie war das Ganze die Sache eines Augenblicks gewesen: zehn Sekunden in ihrem Leben, eine belanglose Episode, die nicht den geringsten Eindruck bei ihr hinterlassen hatte. Für mich dagegen waren diese Sekunden ein prägendes Erlebnis gewesen, ein spektakuläres Ereignis in meiner inneren Entwicklung.

Bei alldem verwirrt es mich am meisten, zugeben zu müssen, dass ich hier von etwas rede, das sich 1956 oder 1957 zugetragen hat – und dass das kleine Mädchen von damals heute über vierzig Jahre alt ist.

13

Mein erster Roman wurde von einer falschen Nummer inspiriert. Als ich eines Nachmittags allein in meiner Wohnung in Brooklyn am Schreibtisch saß und zu arbeiten versuchte, klingelte das Telefon. Wenn ich mich nicht irre, war das im Frühjahr 1980, wenige Tage nachdem ich die Münze vor dem Shea Stadium gefunden hatte.

Ich nahm den Hörer ab, und der Mann am anderen Ende der Leitung fragte, ob er mit der Agentur Pinkerton spreche. Ich sagte: Nein, er habe sich verwählt, und legte auf. Dann machte ich mich wieder an die Arbeit, und der Anruf war rasch vergessen.

Am nächsten Nachmittag ging wieder das Telefon. Derselbe Anrufer und dieselbe Frage wie am Tag zuvor: «Spreche ich mit der Agentur Pinkerton?» Wieder sagte ich: Nein, und wieder legte ich auf. Diesmal jedoch begann ich darüber nachzudenken, was wohl geschehen wäre, hätte ich ja gesagt. Was, wenn ich mich als Detektiv der Agentur Pinkerton ausgegeben hätte?, fragte ich mich. Wenn ich den Fall übernommen hätte?

Ehrlich gesagt, hatte ich das Gefühl, eine seltene Chance vertan zu haben. Falls der Mann noch einmal anrufen sollte, nahm ich mir vor, würde ich wenigstens ein bisschen mit ihm reden und herauszufinden versuchen, worum es eigentlich ging. Ich wartete förmlich auf das Läuten des Telefons, aber es kam kein dritter Anruf mehr.

Doch das Räderwerk in meinem Kopf war nun einmal in Gang geraten, und nach und nach taten sich mir eine Unmenge von Möglichkeiten auf. Als ich ein Jahr später mit der Niederschrift von *Stadt aus Glas* anfing, war die falsche Nummer das entscheidende Ereignis des Buches geworden, der Irrtum, der die ganze Geschichte in Bewegung setzt. Ein Mann namens Quinn bekommt einen Anruf von jemandem, der den Privatdetektiv Paul Auster sprechen will. Genau wie ich sagt Quinn dem Anrufer, dass er sich verwählt habe. Am nächsten Abend das Gleiche, und wieder legt Quinn auf. Anders als ich erhält Quinn jedoch eine dritte Chance. Als am dritten Abend wieder das Telefon läutet, geht er auf den Anrufer ein und übernimmt den Fall. Ja, sagt er, ich bin Paul Auster – und in diesem Augenblick fängt der Wahnsinn an.

Wichtig war mir vor allem, meinem ursprünglichen Impuls treu zu bleiben. Es schien mir sinnlos, das Buch zu schreiben, wenn ich mich nicht an den Geist dessen hielt, was wirklich geschehen war. Daher musste ich selbst an der Handlung beteiligt sein (oder zumindest jemand, der mir ähnelte, der meinen Namen trug), und daher musste die Geschichte auch von Detektiven handeln, die keine Detektive waren, von Maskeraden, von Rätseln, die sich nicht lösen lassen. Was auch immer daraus werden mochte, mir blieb keine andere Wahl.

Alles schön und gut. Ich habe das Buch vor zehn Jahren beendet, und seither beschäftigen mich andere Projekte, andere Ideen, andere Bücher. Vor weniger als zwei Monaten machte ich jedoch die Erfahrung, dass Bücher niemals fertig sind, dass manche Geschichten sich ohne einen Autor weiterschreiben.

Als ich an jenem Nachmittag allein in meiner Wohnung in Brooklyn am Schreibtisch saß und zu arbeiten versuchte, klingelte das Telefon. Es war eine andere Wohnung als die, in der ich 1980 gelebt hatte – eine andere Wohnung mit einer anderen Telefonnummer. Ich nahm den Hörer ab, und der Mann am anderen Ende der Leitung fragte, ob er Mr. Quinn sprechen könne. Er hatte einen spanischen Akzent, die Stimme kam mir unbekannt vor. Zunächst glaubte ich, einer meiner Freunde versuche, mich auf den Arm zu nehmen. «Mr. Quinn?», sagte ich. «Soll das ein Witz sein oder was?»

Nein, es war kein Witz. Der Mann meinte es völlig ernst. Er müsse Mr. Quinn unbedingt sprechen, ich solle ihn jetzt bitte mit ihm verbinden. Nur um mich zu vergewissern, ließ ich mir den Namen buchstabieren. Der Anrufer sprach mit ziemlich starkem Akzent, und ich hoffte, dass er womöglich einen Mr. Queen sprechen wollte. Pech gehabt. «Q-U-I-N-N», sagte der Mann. Plötzlich wurde mir angst, und einige Sekunden lang bekam ich kein Wort über die Lippen. «Bedaure», sagte ich schließlich, «aber hier wohnt kein Mr. Quinn. Sie haben sich verwählt.» Der Mann entschuldigte sich für die Störung, dann legten wir beide auf.

Das ist wirklich geschehen. Wie alles andere, was ich in diesem roten Notizbuch aufgezeichnet habe, ist es eine wahre Geschichte.

WARUM SCHREIBEN?

1

Eine Freundin aus Deutschland erzählt von den Bege-
benheiten, die der Geburt ihrer zwei Töchter voraus-
gingen.

Vor neunzehn Jahren setzte sich A., hochschwan-
ger und schon einige Wochen überfällig, auf das Sofa
in ihrem Wohnzimmer und machte den Fernseher
an. Wie es der Zufall wollte, lief über den Bildschirm
gerade der Vorspann zu einem Film. Es handelte sich
um *Geschichte einer Nonne* mit Audrey Hepburn, die in
diesem Hollywood-Drama aus den fünfziger Jahren die
Hauptrolle spielte. Froh über die Ablenkung, machte A.
es sich bequem und ließ sich von der Handlung einneh-
men. Etwa in der Mitte des Films setzten die Wehen ein.
Ihr Mann brachte sie ins Krankenhaus, und so entging
ihr der Schluss des Films.

Drei Jahre später saß A., zum zweiten Mal schwanger, wieder auf dem Sofa und stellte den Fernseher
an. Wieder lief gerade ein Film, und wieder war es
Geschichte einer Nonne mit Audrey Hepburn. Noch
bemerkenswerter (und A. legt großen Nachdruck auf
diesen Punkt): Sie hatte sich genau in dem Augenblick

in den Film eingeschaltet, wo sie drei Jahre zuvor hatte abbrechen müssen. Diesmal konnte sie den Film zu Ende sehen. Keine Viertelstunde später platzte die Fruchtblase, sie fuhr ins Krankenhaus und gebar ihr zweites Kind.

Diese beiden Töchter sind A.s einzige Kinder. Beim ersten Mal verliefen die Wehen extrem schwierig (meine Freundin hatte es fast nicht überlebt und war danach viele Monate krank), während beim zweiten Mal alles glatt und ohne Komplikationen abging.

2

Vor fünf Jahren verbrachte ich den Sommer mit meiner Frau und meinen Kindern in Vermont, wo wir ein altes, einsam stehendes Farmhaus oben auf einem Berg gemietet hatten. Eines Tages kam uns eine Frau aus der nächsten Ortschaft besuchen und brachte auch ihre beiden Kinder mit, ein vierjähriges Mädchen und einen achtzehn Monate alten Jungen. Meine Tochter war gerade drei geworden, und sie und das Mädchen spielten gern miteinander. Meine Frau und ich setzten uns mit unserem Gast in die Küche, und die Kinder liefen weg, um zu spielen.

Fünf Minuten später gab es einen lauten Krach. Der kleine Junge war in die Eingangsdiele am anderen Ende des Hauses gelaufen. Da meine Frau gerade zwei Stunden zuvor dort eine Blumenvase hingestellt hatte, konnten wir uns schon vorstellen, was geschehen war. Ich brauchte nicht nachzusehen, ich wusste auch so, dass der Fußboden mit Glasscherben und einer Wasserlache bedeckt sein würde und mit den Stielen und Blütenblättern eines Dutzends verstreuter Blumen.

Ich war sauer. «Blöde Kinder», dachte ich bei mir.

«Blöde Leute mit ihren blöden Trottelkindern. Wer gibt ihnen das Recht, unangemeldet hier aufzutauchen?»

Ich sagte meiner Frau, dass ich die Bescherung beseitigen würde, und während sie und unsere Besucherin die Unterhaltung fortsetzten, holte ich Besen, Kehrblech und Handtücher und stapfte damit durchs Haus.

Meine Frau hatte die Blumen auf eine Holztruhe unmittelbar unter dem Treppengeländer gestellt. Die Treppe war ziemlich steil und schmal, und kaum einen Meter von der untersten Stufe entfernt gab es ein großes Fenster. Ich erwähne diese Einzelheiten, weil sie wichtig sind. Wo sich was befand, ist von wesentlicher Bedeutung für den Ablauf der folgenden Ereignisse.

Ich war mit dem Aufwischen etwa halb fertig, als oben im ersten Stock meine Tochter aus ihrem Zimmer auf den Treppenabsatz lief. Ich befand mich so nah am Fuß der Treppe, dass ich sie flüchtig zu sehen bekam (ein paar Schritte weiter, und mir wäre die Sicht versperrt gewesen), und in diesem kurzen Augenblick sah ich jenen lebhaften, vollkommen glücklichen Ausdruck auf ihrem Gesicht, der so viel Freude in mein Leben gebracht hat. Dann, eine Sekunde später, bevor ich auch nur hallo sagen konnte, stolperte sie. Sie blieb mit der Spitze ihres Turnschuhs an der obersten Stufe hängen und kam plötzlich, einfach so, ohne Schrei und ohne Vorwarnung, durch die Luft gesegelt. Womit ich nicht sagen will, dass sie die Treppe irgendwie mit Krachen und Poltern hinunterstürzte. Sondern dass sie flog. Ihr Fehltritt hatte sie buchstäblich in den Raum katapultiert, und an der Flugbahn konnte ich sehen, dass sie geradewegs auf das Fenster zustrebte.

Was ich getan habe? Ich weiß nicht, was ich getan habe. Als ich sie stolpern sah, stand ich auf der falschen Seite des Geländers. Als sie auf halbem Wege zwischen der obersten Stufe und dem Fenster war, stand ich am Fuß der Treppe. Wie bin ich dort hingekommen? Es ging nur um ein paar Schritte, aber es scheint mir unmöglich, diese Strecke in dieser nahezu unendlich kurzen Zeitspanne zurückzulegen. Trotzdem war ich da, blickte im selben Moment nach oben, riss die Arme auseinander und fing sie auf.

3

Ich war vierzehn. Meine Eltern hatten mich das dritte Jahr hintereinander in ein Sommerlager in New York State geschickt. Den größten Teil der Zeit verbrachte ich mit Basketball und Baseball, aber da es ein koedukatives Lager war, gab es auch andere Aktivitäten: «gesellige» Abende, erste linkische Grabbeleien mit Mädchen, Höschen klauen im Schlafsaal, der übliche pubertäre Schabernack. Ich erinnere mich auch an heimlich gerauchte billige Zigarren, präparierte Betten, in die man nicht einsteigen konnte, und gewaltige Schlachten mit Wasserballons.

Nichts davon ist wichtig. Vierzehn ist ein sensibles Alter, nur das will ich damit sagen. Kein Kind mehr, noch nicht erwachsen, ist man hin- und hergerissen zwischen dem, der man war, und dem, der man werden soll. Ich selbst jedenfalls war damals noch jung genug, an eine Karriere in der Major League zu glauben, aber auch schon alt genug, die Existenz Gottes in Frage zu stellen. Ich hatte das «Kommunistische Manifest» gelesen, sah mir aber trotzdem noch gern die Zeichentrickfilme am Samstagvormittag an. Und wenn ich im

Spiegel mein Gesicht anschaute, kam ich mir wie ein Fremder vor.

Wir waren etwa sechzehn, achtzehn Jungen in meiner Gruppe. Die meisten kannten sich schon seit einigen Jahren, aber in diesem Sommer waren auch ein paar Neue dazugekommen. Einer von ihnen hieß Ralph. Er war ein stiller Typ, der sich nicht viel daraus machte, mit Basketbällen zu dribbeln oder beim Baseball den Cutoffman umzureißen, und wenn er auch von niemandem direkt angegriffen wurde, hatte er doch Schwierigkeiten, Anschluss zu finden. Er war dieses Jahr in zwei Fächern durchgefallen und musste den größten Teil seiner Freizeit mit Nachhilfestunden bei einem unserer Betreuer verbringen. Das war ein wenig traurig, und er tat mir leid – aber nicht so sehr, dass es mir den Schlaf geraubt hätte.

Unsere Betreuer waren allesamt New Yorker College-studenten aus Brooklyn und Queens. Besserwisserische Basketballspieler, zukünftige Zahnärzte, Steuerberater und Lehrer, Stadtmenschen durch und durch. Wie die meisten echten New Yorker sagten sie immer «Fußboden», wenn sie den Erdboden meinten, auch wenn sie nichts als Gras, Steine und Erde unter den Füßen hatten. Die in einem Sommerlager herrschenden Sitten und Bräuche waren ihnen so fremd wie einem Farmer in Iowa die Einkommenssteuer. Kanus, Trillerpfeifen, Bergsteigen, Zelte aufschlagen, Singen am

Lagerfeuer, das alles hatte für sie keinerlei Bedeutung. Sie konnten uns gewisse Feinheiten beim Offensivspiel und Korbwerfen beibringen, ansonsten alberten sie nur herum und erzählten Witze.

Man stelle sich daher unsere Überraschung vor, als eines Tages unser Betreuer ankündigte, wir würden eine Wanderung in die Wälder unternehmen. Er folge da einer Eingebung und werde sich das von niemandem ausreden lassen. Genug Basketball, sagte er. Wir leben hier mitten in der Natur, und es wird Zeit, dass wir das ausnutzen und uns endlich wie echte Camper benehmen; etwa so hat er sich ausgedrückt. Und so brachen wir, die ganze Gruppe von sechzehn, achtzehn Jungen, zusammen mit zwei Betreuern nach der mittäglichen Ruhepause in die Wälder auf.

Es war Ende Juli 1961. Alle waren ziemlich aufgekratzt, erinnere ich mich, und nach ungefähr einer halben Stunde waren sich die meisten von uns einig, dass der Ausflug eine gute Idee gewesen sei. Natürlich hatte niemand einen Kompass oder auch nur die leiseste Ahnung, wo es eigentlich hinging, aber wir hatten unseren Spaß dabei; und falls wir uns verirren sollten, was machte das schon? Früher oder später würden wir ja wohl zurückfinden.

Dann begann es zu regnen. Zuerst kaum merklich, ein leichtes Geniesel zwischen Laub und Zweigen, kein Grund zur Aufregung. Wir gingen weiter, wollten uns von dem bisschen Wasser nicht den Spaß verderben lassen; aber ein paar Minuten später fing es dann richtig an. Alle wurden nass bis auf die Haut, und die Betreuer entschieden, wir sollten kehrtmachen und den Rückweg antreten. Es gab da freilich ein Problem: Niemand wusste, wo unser Lager war. Wir befanden uns in dichtem Wald mit struppigen Dornensträuchern zwischen den Bäumen, und um überhaupt voranzukommen, hatten wir ständig die Richtung wechseln müssen. Um die Verwirrung komplett zu machen, konnten wir auch kaum noch etwas sehen. Dunkel war es ohnehin im Wald, aber bei dem Regen und den schwarzen Wolken schien es eher schon Nacht zu sein als drei oder vier Uhr nachmittags.

Dann kam der erste Donner. Und nach dem Donner der erste Blitz. Das Gewitter war direkt über uns, und es sollte ein Gewitter werden, wie es wahrlich nicht alle Tage vorkommt. Ich habe so etwas seither nicht mehr erlebt. Der Regen prasselte so heftig auf uns nieder, dass es richtiggehend weh tat; jeder Donnerschlag bebte einem unter der Haut nach. Und die Blitze sprangen wie Lanzen um uns herum. Als hätten sich Waffen aus der Luft materialisiert – ein jähes Aufleuchten, von dem alles in gespenstisch grelles Weiß getaucht wurde. Die Äste getroffener Bäume begannen zu schwelen. Dann, nach kurzer Finsternis, krachte es wieder vom Himmel, und der Blitz schlug irgendwo anders ein.

Die Blitze machten uns natürlich Angst, und in unserer Panik versuchten wir, vor ihnen wegzulaufen. Aber das Gewitter war zu gewaltig, und wo wir uns auch hinwandten, es blitzte weiter. Wir rannten in wilder Flucht Hals über Kopf im Kreis herum. Dann entdeckte plötzlich jemand eine Lichtung. Es entspann sich eine kurze Debatte darüber, was sicherer sei: ins Freie zu treten oder weiter unter den Bäumen zu bleiben. Die Befürworter der Lichtung gewannen, und schon liefen wir hin.

Es war eine kleine Wiese, wahrscheinlich eine Weide, die zu einer Farm in der Nähe gehörte, und um dorthin zu gelangen, mussten wir unter einem Stacheldrahtzaun durchkriechen. Einer nach dem andern legten wir uns auf den Bauch und schoben uns durch. Ich war in der Mitte der Reihe, direkt hinter Ralph. Gerade als er unter dem Stacheldraht lag, kam der nächste Blitz. Ich stand keinen Meter entfernt, konnte aber bei dem Regen, der mir auf die Lider prasselte, nicht genau erkennen, was nun passierte. Ich sah nur, dass Ralph sich nicht mehr bewegte. In der Annahme, er sei ohnmächtig, kroch ich an ihm vorbei, und drüben angekommen, packte ich ihn am Arm und zog ihn durch den Zaun.

Ich weiß nicht, wie lange wir auf dieser Wiese blieben. Eine Stunde, schätze ich. Und die ganze Zeit regnete und blitzte und donnerte es mächtig auf uns nieder. Es war ein Gewitter wie aus den Seiten der Bibel gerissen, und es ging immer weiter, als wollte es niemals mehr aufhören.

Zwei, drei Jungen bekamen etwas ab – vielleicht vom Blitz, vielleicht vom Schreck, wenn ein Blitz ganz nahe in den Boden fuhr –, und die Wiese füllte sich mit ihrem Stöhnen. Andere Jungen weinten und beteten. Wieder andere versuchten mit ängstlichen Stimmen, vernünftige Ratschläge zu geben. Ihr müsst alles Metallische ablegen, sagten sie; Metall zieht die Blitze an. Wir nahmen unsere Gürtel ab und warfen sie weit weg.

Ich erinnere mich nicht, dass ich etwas gesagt habe. Oder dass ich geweint habe. Ich habe mich zusammen mit einem anderen Jungen um Ralph gekümmert. Er war immer noch bewusstlos. Wir massierten ihm Hände und Arme, wir hielten seine Zunge fest, damit er sie nicht verschluckte, wir sagten ihm, er solle sich nicht unterkriegen lassen. Nach einer Weile begann seine Haut bläulich anzulaufen. Ich fand, sein Körper fühlte sich kälter an, doch trotz der klaren Beweislage kam es mir nie in den Sinn, dass er nicht mehr zu sich kommen würde. Schließlich war ich erst vierzehn Jahre alt; was wusste ich denn schon? Ich hatte ja noch nie einen Toten gesehen.

Ich nehme an, der Stacheldraht war schuld. Die anderen Jungen, die vom Blitz getroffen wurden, waren kurz benommen, spürten eine Stunde lang Schmerzen in den Gliedern und erholten sich dann. Aber Ralph war unter dem Zaun vom Blitz erwischt worden, und der Stromschlag hatte ihn auf der Stelle getötet.

Als man mir später sagte, dass er tot sei, erfuhr ich auch, dass er eine zwanzig Zentimeter lange Brandwunde auf dem Rücken hatte. Ich weiß noch, wie ich versucht habe, diese Neuigkeit zu verarbeiten und mir einzureden, dass mein Leben nie mehr so sein würde wie vorher. Seltsamerweise dachte ich nicht darüber nach, dass ich unmittelbar in seiner Nähe gewesen war, als es passierte. Ich dachte nicht: Ein, zwei Sekunden später, und es hätte mich erwischt. Sondern ich dachte nur daran, wie ich seine Zunge gehalten und seine Zähne betrachtet hatte. Der Mund war leicht verzerrt, die Lippen standen ein wenig offen, und ich hatte eine Stunde lang auf die Spitzen seiner Zähne hinabgesehen. Noch vierunddreißig Jahre danach erinnere ich mich daran. Und auch an seine halb geschlossenen, halb offenen Augen erinnere ich mich.

4

Vor nicht so vielen Jahren bekam ich Post von einer Frau, die in Brüssel lebt. In dem Brief erzählte sie mir die Geschichte eines Mannes, mit dem sie seit Kindheitstagen befreundet ist.

1940 trat dieser Mann in die belgische Armee ein. Als das Land im weiteren Verlauf des Jahres an die Nazis fiel, geriet er in Kriegsgefangenschaft und kam in ein Lager nach Deutschland. Dort blieb er bis zum Kriegsende 1945.

Es war den Gefangenen erlaubt, mit Rotkreuzangehörigen daheim in Belgien Briefe zu wechseln. Dem Mann wurde willkürlich eine Brieffreundin zugeteilt – eine Rotkreuzschwester in Brüssel –, und in den nächsten fünf Jahren tauschten er und diese Frau monatlich Briefe aus. So entstand im Lauf der Zeit eine enge Freundschaft. Irgendwann (ich bin mir nicht ganz sicher, wie lange es gedauert hat) ging den beiden auf, dass sich mehr als Freundschaft zwischen ihnen entwickelt hatte. Ihre Briefe wurden von Mal zu Mal intimer, und schließlich gestanden sie einander ihre Liebe. Konnte so etwas möglich sein? Sie hatten sich nie gesehen, sie hatten keine einzige Minute miteinander verbracht.

Als der Krieg vorbei war, wurde der Mann aus der Gefangenschaft entlassen und kehrte nach Brüssel zurück. Er lernte die Schwester kennen und sie ihn, und beide waren nicht enttäuscht. Kurze Zeit später waren sie verheiratet.

Jahre vergingen. Sie bekamen Kinder, sie wurden älter, die Welt veränderte sich ein wenig. Ihr Sohn studierte in Belgien und schlug dann eine Laufbahn als Akademiker in Deutschland ein. Dort verliebte er sich an der Universität in eine junge Deutsche. Er schrieb seinen Eltern, er habe vor, sie zu heiraten.

Beide Elternpaare freuten sich sehr für ihre Kinder. Die Familien wollten sich kennenlernen, und am verabredeten Tag erschien die deutsche Familie im Haus der belgischen in Brüssel. Als der deutsche Vater ins Wohnzimmer trat und der belgische aufstand, um ihn zu begrüßen, sahen die beiden einander in die Augen und erkannten sich wieder. Viele Jahre waren vergangen, doch beide wussten ohne jeden Zweifel, wer der andere war. Es hatte eine Zeit gegeben, da hatten sie einander tagtäglich gesehen. Der deutsche Vater war Wächter in dem Gefangenenlager gewesen, in dem der belgische den Krieg verbracht hatte.

Wie die Frau, die mir das alles in dem Brief mitteilte, sogleich hinzufügte, gab es aber kein böses Blut zwischen den beiden. So fürchterlich das deutsche Regime selbst gewesen sein mochte, der deutsche Vater hatte in diesen fünf Jahren nichts getan, was den belgischen gegen ihn hätte aufbringen können.

Die beiden Männer sind jetzt die besten Freunde. Und ihre größte Freude sind die gemeinsamen Enkelkinder.

5

Ich war acht Jahre alt. In diesem Alter zählte für mich nur eines: Baseball. Mein Team waren die New York Giants, und ich verfolgte die Taten dieser Männer in ihren schwarzorangen Mützen mit der Andacht eines wahren Gläubigen. Wenn ich an diese Mannschaft denke – die es nicht mehr gibt, die in einem Stadion spielte, das es nicht mehr gibt –, kann ich noch heute die Namen fast aller Spieler aufsagen. Alvin Dark, Whitey Lockman, Don Mueller, Johnny Antonelli, Monte Irvin, Hoyt Wilhelm. Aber keiner war großartiger, keiner war perfekter, keiner war anbetungswürdiger als Willie Mays, der strahlende Held.

In jenem Frühjahr wurde ich zu meinem ersten richtig großen Spiel mitgenommen. Freunde meiner Eltern hatten Logenplätze im Polo-Grounds-Stadion, und eines Abends im April gingen wir dorthin und sahen ein Spiel der Giants gegen die Milwaukee Braves. Wer gewonnen hat, weiß ich nicht mehr, ich kann mich an keinerlei Einzelheiten des Spiels erinnern; behalten habe ich nur, dass meine Eltern und ihre Freunde nach dem Spiel sitzen blieben und sich unterhielten, bis alle anderen Zuschauer gegangen waren. Es wurde so spät, dass wir übers Spielfeld gehen und den Centerfield-Ausgang benutzen mussten, der als einziger noch offen war. Und dieser Ausgang befand sich zufällig unterhalb der Spielerkabinen.

Als wir darauf zugingen, erblickte ich Willie Mays. Kein Zweifel, er war es. Es war Willie Mays, der sich bereits umgezogen hatte und jetzt in Straßenkleidung vor mir stand, keine drei Meter von mir entfernt. Es gelang mir, die Beine weiter in seine Richtung zu bewegen, und dann nahm ich meinen ganzen Mut zusammen und presste mir ein paar Worte über die Lippen. «Mr. Mays», sagte ich, «könnten Sie mir bitte ein Autogramm geben?»

Er muss damals vierundzwanzig gewesen sein, aber ich brachte es nicht über mich, seinen Vornamen auszusprechen.

Seine Antwort auf meine Bitte war knapp, aber freundlich. «Sicher, Junge, sicher», sagte er. «Hast du was zum Schreiben?» Er war so voller Leben, erinnere ich mich, so voller jugendlicher Energie, dass er auch beim Sprechen nicht aufhören konnte, mit den Füßen zu wippen.

Da ich nichts zum Schreiben hatte, bat ich meinen Vater um einen Stift. Aber er hatte keinen dabei. Meine Mutter auch nicht. Und auch nicht, wie sich herausstellte, irgendeiner von den anderen Erwachsenen.

Der große Willie Mays sah sich das schweigend an. Als feststand, dass keiner von uns etwas zum Schreiben dabeihatte, wandte er sich zu mir und sagte achselzuckend: «Tut mir leid, Junge. Ohne was zum Schreiben gibt's kein Autogramm.» Und damit schritt er aus dem Stadion in die Nacht.

Ich wollte nicht weinen, aber die Tränen liefen mir über die Wangen, ich konnte nichts dagegen machen. Schlimmer noch, im Auto heulte ich weiter, bis wir nach Hause kamen. Ja, ich war am Boden zerstört vor Enttäuschung, aber ich war auch wütend auf mich selbst, weil ich es nicht geschafft hatte, die Tränen zurückzuhalten. Ich war doch kein Baby mehr. Ich war acht Jahre alt, und große Kinder durften wegen so einer Sache nicht weinen. Ich besaß nicht nur kein Autogramm von Willie Mays, ich besaß auch alles andere nicht. Das Leben hatte mich auf die Probe gestellt, und ich hatte mich in jeder Beziehung als Versager erwiesen.

Seit jenem Abend trug ich immer einen Bleistift bei mir. Es wurde mir zur Gewohnheit, nie aus dem Haus zu gehen, ohne mich zu vergewissern, dass ich etwas zum Schreiben in der Tasche hatte. Nicht dass ich mit diesem Stift irgendetwas Besonderes vorgehabt hätte, aber ich wollte nicht unvorbereitet sein. Einmal war ich mit leeren Händen erwischt worden, und es sollte mir kein zweites Mal passieren.

Immerhin, dieses eine haben mich die Jahre gelehrt:

Wenn man etwas zum Schreiben in der Tasche hat, stehen die Chancen nicht schlecht, dass man sich eines Tages versucht fühlen wird, es auch zu benutzen. Wie ich meinen Kindern gern erzähle, bin ich auf diese Weise zum Schriftsteller geworden.

1995

UNFALLBERICHT

A., eine junge Frau, die gerade in San Francisco Fuß zu fassen begann, machte dort anfangs eine schlimme Zeit durch, die sie sehr viel Nerven kostete. Binnen weniger Wochen verlor sie erst ihren Job, dann wurde eine ihrer besten Freundinnen nachts in der eigenen Wohnung von Einbrechern ermordet, und schließlich erkrankte A.s geliebte Katze schwer. Um welche Krankheit es sich handelte, weiß ich nicht, aber sie war offenbar lebensbedrohlich, und als A. die Katze zum Tierarzt brachte, sagte er ihr, ohne eine gewisse Operation werde die Katze innerhalb eines Monats sterben. Sie fragte, wie viel diese Operation kosten solle. Er rechnete ihr die verschiedenen Gebühren vor und kam auf eine Gesamtsumme von dreihundertsiebenundzwanzig Dollar. So viel Geld hatte A. nicht. Ihr Kontostand war nahe bei null, und die nächsten Tage verbrachte sie in einem Zustand äußerster Verzweiflung, in dem sie abwechselnd an ihre tote Freundin und den unerschwinglichen Betrag denken musste, den sie brauchte, um ihre Katze vor dem Tod zu retten: dreihundertsiebenundzwanzig Dollar.

Eines Tages fuhr sie mit dem Auto durch den Mission-Bezirk und musste an einer roten Ampel halten. Ihr Körper war da, aber ihre Gedanken waren woanders, und irgendwo dazwischen, in diesem kleinen Raum, der noch von niemandem hinreichend erforscht wurde, in dem wir alle jedoch manchmal leben, hörte sie plötzlich die Stimme ihrer toten Freundin. *Mach dir keine Sorgen*, sagte die Stimme. *Keine Sorge. Bald wird alles besser.* Die Ampel wurde grün, doch A. stand noch im Bann dieser akustischen Halluzination und blieb einfach stehen. Gleich darauf fuhr ihr von hinten ein anderes Auto in den Wagen und beschädigte eine Heckleuchte und die Stoßstange. Der Fahrer stellte den Motor ab, stieg aus und ging nach vorn zu A. Er wollte sich für seine Unaufmerksamkeit entschuldigen, aber A. sagte: Nein, es war meine Schuld. Die Ampel war grün, und ich bin nicht losgefahren. Der Mann bestand aber darauf, dass der Fehler ihm anzurechnen sei. Als er erfuhr, dass A. keine Unfallversicherung hatte (für solchen Luxus war sie zu arm), bot er an, den Schaden, den er an ihrem Wagen angerichtet hatte, zu bezahlen. Lassen Sie einen Kostenvoranschlag machen, sagte er, und schicken Sie mir die Rechnung. Meine Versicherung kümmert sich darum. A. sträubte sich weiter und erklärte dem Mann, er habe keinerlei Schuld an dem Unfall, doch er blieb bei seiner Meinung, und schließlich gab sie nach. Sie brachte den Wagen in eine

Werkstatt und bat den Mechaniker, die Schäden an Stoßstange und Heckleuchte zu taxieren. Als sie nach einigen Stunden wiederkam, gab er ihr einen schriftlichen Kostenvoranschlag. Von den Zahlen hinterm Komma abgesehen, belief sich der Betrag auf exakt dreihundertsiebenundzwanzig Dollar.

W., der Freund aus San Francisco, der mir diese Geschichte erzählt hat, ist seit zwanzig Jahren Filmregisseur. Sein jüngstes Projekt basiert auf einem Buch, in dem die Abenteuer einer Mutter und ihrer minderjährigen Tochter erzählt werden. Es ist ein Roman, aber die meisten Geschehnisse in dem Buch haben einen direkten Bezug zum Leben der Autorin. Die Autorin, jetzt eine erwachsene Frau, war die Tochter, und die Mutter im Roman – die ebenfalls noch lebt – war ihre wirkliche Mutter.

W.s Film wurde in Los Angeles gedreht. Für die Rolle der Mutter wurde eine bekannte Schauspielerin engagiert, und als W. mich kürzlich in New York besuchte, erzählte er, die Dreharbeiten seien reibungslos verlaufen und die Produktion habe nach Plan beendet werden können. Dann aber sei er beim Schneiden des Materials zu dem Schluss gekommen, es müssten noch einige Szenen zusätzlich gedreht werden, um die Geschichte besser zur Geltung zu bringen. Unter anderem eine Einstellung, in der die Mutter ihr Auto in einer Wohngegend parken sollte. Der Aufnahmeleiter machte sich auf die Suche nach einer geeigneten Straße, und schließlich entschied man sich für eine – willkürlich, möchte man meinen, denn die Straßen von Los Angeles sehen alle mehr oder weniger gleich aus. Am verabredeten Morgen versammelten sich W., die Schauspielerin und die Filmcrew auf der Straße, um die Szene abzudrehen. Das Auto, das die Schauspielerin fahren sollte, stand vor einem Haus – es war kein bestimmtes Haus, nur irgendein Haus in dieser Straße –, und während mein Freund und seine Hauptdarstellerin noch auf dem Bürgersteig standen und über die Szene und mögliche Vorgehensweisen diskutierten, ging plötzlich die Tür dieses Hauses auf, und eine Frau, die gleichzeitig zu lachen und zu schreien schien, kam herausgerannt. Abgelenkt von dem Lärm, unterbrachen W. und die Schauspielerin ihr Gespräch. Eine schreiende und lachende Frau lief über den Rasen, und sie lief genau auf die beiden zu. Ich weiß nicht, wie groß dieser Rasen war. W. hat dieses Detail in seiner Erzählung nicht erwähnt, doch ich stelle mir einfach vor, er war ziemlich groß, sodass die Frau eine beträchtliche Strecke zurücklegen musste, ehe sie den Bürgersteig erreichte und ihren Namen nennen konnte. Ein Augenblick wie dieser muss einfach ausgedehnt sein, finde ich – wenn auch nur auf einige Sekunden –, denn was nun geschah, war so unglaublich, spottete dermaßen jeder Wahrscheinlichkeit, dass man es noch einige zusätzliche Sekunden lang genießen möchte, bevor man sich davon trennt. Die Frau, die da über den Rasen lief, war die Mutter der Romanautorin. Im Buch ihrer Tochter eine fiktive Gestalt, war sie auch ihre richtige Mutter, und jetzt sollte sie durch puren Zufall die Frau kennenlernen, die diese fiktive Gestalt in einem Film spielte, der auf dem Buch basierte, in dem ihre Gestalt in Wirklichkeit sie selbst gewesen war. Sie war real, zugleich aber auch imaginär. An diesem Morgen standen dort auf dem Bürgersteig zwei Gestalten in einer einzigen Person. Oder vielleicht auch ein und dieselbe Gestalt in zweifacher Ausführung. Mein Freund erzählte, als die beiden Frauen schließlich begriffen hätten, was da geschehen war, seien sie sich in die Arme gefallen.

Vorigen September musste ich für ein paar Tage nach Paris, und mein Verleger buchte mir ein Zimmer in einem kleinen Hotel am linken Seineufer. Es ist das Hotel, das der Verlag für alle seine Autoren verwendet, und ich war in der Vergangenheit schon mehrmals dort abgestiegen. Von der günstigen Lage einmal abgesehen – in einer schmalen Nebenstraße des Boulevards Saint-Germain –, ist an diesem Hotel nichts auch nur entfernt bemerkenswert. Die Preise sind bescheiden, die Zimmer klein und eng, und es wird in keinem Reiseführer erwähnt. Die Inhaber sind freundliche Leute, aber das Haus selbst ist nur eine triste, unscheinbare Bruchbude, und außer zwei amerikanischen Schriftstellern, die denselben französischen Verleger wie ich haben, kenne ich niemanden, der dort jemals gewohnt hat. Ich erwähne das, weil die Unbekanntheit des Hotels in dieser Geschichte von Bedeutung ist. Nur wenn man kurz innehält und überlegt, wie viele Hotels es in Paris gibt (in einer Stadt, die mehr Besucher anlockt als jede andere auf der Welt), und darüber hinaus, wie viele Zimmer es in all diesen Hotels gibt (Tausende, mit Sicherheit Zehntausende), nur dann kann man die ganze Tragweite dessen verstehen, was mir dort voriges Jahr widerfahren ist.

Ich kam erst spät an – über eine Stunde später als geplant – und meldete mich an der Rezeption. Unmittelbar darauf ging ich nach oben. Gerade als ich den Schlüssel ins Schloss meiner Zimmertür steckte, begann drinnen das Telefon zu läuten. Ich ging hinein, warf meine Tasche auf den Boden und nahm den Hörer ab. Das Telefon stand in einer Nische in der Wand neben dem Bett, etwa auf Höhe des Kopfkissens. Da das Telefon zum Bett hin gedreht war und da die Schnur zu kurz war und der einzige Stuhl im Zimmer außer Reichweite war, musste ich mich, um telefonieren zu können, aufs Bett setzen. Das tat ich dann auch, und während ich mit dem Anrufer sprach, bemerkte ich unter dem Schreibtisch auf der anderen Seite des Zimmers ein Stück Papier. Von jedem anderen Platz aus hätte ich es nicht sehen können. Das Zimmer war so knapp bemessen, dass zwischen dem Schreibtisch und dem Fußende des Betts höchstens anderthalb Meter frei waren. Meine Position am Kopfende des Betts bot die einzige Möglichkeit, den einzigen Blickwinkel, um unter den Schreibtisch sehen zu können. Als das Gespräch beendet war, kletterte ich vom Bett, kroch unter den Schreibtisch und hob den Zettel auf. Neugierig, immer neugierig, natürlich, aber durchaus nicht in der Annahme, irgendetwas Außergewöhnliches zu entdecken. Der Zettel erwies sich als einer dieser Vordrucke, wie sie einem in europäischen Hotels unter die Tür geschoben werden. An: --- Von: ---, Datum und Uhrzeit, darunter etwas Platz für eine kurze Mitteilung. Das Papier war dreimal gefaltet, und außen stand in Blockschrift der Name eines meiner besten Freunde geschrieben. Wir sehen uns nicht oft (O. lebt in Kanada), aber wir haben zusammen eine Reihe denkwürdiger Erfahrungen gemacht und sind uns in herzlicher Freundschaft zugetan. Ich freute mich sehr, als ich seinen Namen auf diesem Zettel sah. Wir hatten seit einiger Zeit nicht mehr voneinander gehört, und ich hatte keine Ahnung, dass er gleichzeitig mit mir in Paris sein würde. In diesen ersten Sekunden der fassungslosen Entdeckerfreude nahm ich an, O. habe irgendwie von meinem Kommen erfahren und im Hotel angerufen, dass man mir eine Nachricht hinterlassen solle. Der Zettel war von irgendwem in mein Zimmer gebracht, aber so nachlässig auf die Schreibtischkante gelegt worden, dass er auf den Fußboden gesegelt war. Oder aber diese Person (das Zimmermädchen?) hatte ihn versehentlich heruntergewischt, als sie das Zimmer für meine Ankunft zurechtmachte. So oder so, letztlich war keine dieser Erklärungen sonderlich plausibel. Die Lage des Zettels sprach dagegen, und falls ihn nicht jemand, nachdem er zu Boden gefallen war, mit dem Fuß noch weiter nach hinten geschoben hatte, konnte er unmöglich so weit unter den Schreibtisch geraten sein. Ich fing schon an, meine Hypothese zu überdenken, als mir noch etwas Bedeutsameres auffiel. O.s Name stand außen auf diesem Zettel. Wäre die Nachricht für mich bestimmt gewesen, hätte dort aber mein Name stehen müssen. Auf die Außenseite gehörte der Name des Empfängers, nicht der des Absenders, und wenn mein Name dort nicht stand, war er auch nicht woanders auf dem Zettel zu finden. Ich faltete das Papier auseinander und las. Der Absender war mir vollkommen unbekannt – aber der Empfänger war tatsächlich O. Ich lief nach unten und fragte an der Rezeption, ob O. noch da sei. Das war natürlich eine dumme Frage, aber ich stellte sie trotzdem. Wie konnte O. noch da sein, wenn er nicht mehr in seinem Zimmer war? Jetzt war ich ja da, und O.s Zimmer war nicht mehr seins, sondern meins. Ich fragte, wann er abgereist sei. Vor einer Stunde, lautete die Antwort. Vor einer Stunde hatte ich in einem Taxi in den Pariser Außenbezirken im Stau gestanden. Wäre ich zur vorgesehenen Zeit zum Hotel gekommen, hätte ich O. noch getroffen, als er es gerade verließ.

«IT DON'T MEAN A THING»

Wir haben ihn gelegentlich im Carlyle getroffen. Ihn einen Freund zu nennen wäre übertrieben, aber ein guter Bekannter war F. schon, und meine Frau und ich freuten uns jedes Mal, wenn er anrief und sagte, er komme demnächst in die Stadt. F. war nicht nur ein mutiger und sehr produktiver französischer Dichter, sondern auch einer der weltweit führenden Fachleute zum Thema Henri Matisse. Und dank seines guten Rufs erhielt er von einem bedeutenden Museum in Frankreich den Auftrag, eine große Ausstellung von Matisse' Werken zu organisieren. F. war kein professioneller Kustos, aber er stürzte sich mit sehr viel Energie und Geschick in diese Aufgabe. Es ging darum, sämtliche Gemälde von Matisse aus einer bestimmten Periode von fünf Jahren in der Mitte seiner Karriere zusammenzutragen. Das waren einige Dutzend Bilder, und da sie in Privatsammlungen und Museen überall auf der Welt verstreut waren, brauchte F. mehrere Jahre, um die Ausstellung vorzubereiten. Am Ende fehlte ein einziges Werk, das einfach nicht aufzutreiben war – ausgerechnet ein ganz besonders wichtiges, das das Zentrum der gesamten Ausstellung bildete. F. hatte den Besitzer nicht ermitteln können, er hatte keine Ahnung, wo es sein könnte, und ohne dieses Gemälde wären die jahrelangen Reisen und all die sorgfältige Arbeit umsonst gewesen. In den nächsten sechs Monaten widmete er sich ausschließlich der Suche nach diesem einen Bild, und als er es dann schließlich aufspürte, musste er feststellen, dass es die ganze Zeit über nur wenige Meter von ihm entfernt gewesen war. Es war im Besitz einer Frau, die in einem Apartment des Carlyle Hotels wohnte. Das Carlyle war F.s Lieblingshotel, in dem er jedes Mal abstieg, wenn er nach New York kam. Mehr noch: Das Apartment dieser Frau lag direkt über dem Zimmer, das F. sich immer geben ließ – nur eine Etage höher. Wenn F. also im Carlyle Hotel zu Bett gegangen war und sich fragte, wo das fehlende Bild wohl sein mochte, hatte es unmittelbar über seinem Kopf an der Wand gehangen. Wie ein Bild aus einem Traum.

Ich habe diesen Absatz im vorigen Oktober geschrieben. Einige Tage später rief mich ein Freund aus Boston an und erzählte, wie schlecht es einem seiner Bekannten gehe. Der Mann ist Dichter, über sechzig Jahre alt, und hat sein Leben am äußeren Rand des literarischen Sonnensystems verbracht – als einziger Bewohner eines Asteroiden, der einen tertiären Mond des Pluto umkreist, sichtbar nur durch die stärksten Teleskope. Ich kenne ihn nicht persönlich, habe aber seine Bücher gelesen und mir immer vorgestellt, dass er auf seinem Miniplaneten das Dasein eines modernen kleinen Prinzen führt.

Mein Freund erzählte mir, der Dichter habe gesundheitliche Probleme. Die Kosten für die Behandlung seiner Krankheit überstiegen seine Möglichkeiten, und nun drohe er aus seiner Wohnung geworfen zu werden. Um das nötige Bargeld aufzutreiben, das dem Dichter aus seinen Schwierigkeiten helfen könnte, war mein Freund auf die Idee gekommen, ihm zu Ehren ein Buch herauszugeben. Er wollte einige Dutzend Dichter und Schriftsteller um Beiträge bitten und diese zu einem attraktiven Band mit limitierter Auflage zusammenfassen, der nur durch Subskription erhältlich sein sollte. Er nahm an, es gebe genug Büchersammler im Land, sodass ein anständiger Gewinn dabei herauskommen müsste. Das Geld sollte dem kranken und notleidenden Dichter zur Verfügung gestellt werden.

Als er mich fragte, ob ich irgendwo ein paar Seiten herumliegen hätte, die ich ihm überlassen könnte, erwähnte ich die kleine Geschichte, die ich gerade über meinen französischen Freund und das fehlende Bild geschrieben hatte. Ich faxte sie ihm noch am selben Vormittag zu, und wenige Stunden später rief er zurück und sagte, die Geschichte gefalle ihm und er wolle sie in das Buch aufnehmen. Ich freute mich, dass ich meinen kleinen Beitrag geleistet hatte, und kaum war die Sache erledigt, hatte ich sie auch schon vergessen.

Vor zwei Tagen (am 31. Januar 2000) saß ich abends mit meiner zwölfjährigen Tochter am Tisch im Esszimmer unseres Hauses in Brooklyn und half ihr bei Mathe – eine ellenlange Liste von Aufgaben, bei denen es um negative und positive Zahlen ging. Meine Tochter hat an Mathe kein sonderliches Interesse, und als wir fertig damit waren, die Subtraktionen in Additionen und die negativen Zahlen in positive umzuwandeln, unterhielten wir uns über ein Konzert, das vor ein paar Tagen an ihrer Schule stattgefunden hatte. Sie hatte dort einen alten Song von Roberta Flack gesungen, *The First Time Ever I Saw Your Face*, und jetzt suchte sie nach einem anderen Song, den sie für das Frühjahrskonzert üben wollte. Wir überlegten hin und her und fanden schließlich beide, dass sie diesmal etwas Lebhaftes und Schnelleres singen sollte, nicht so eine langsame und wehmütige Ballade wie die, die sie gerade aufgeführt hatte. Plötzlich sprang sie von ihrem Stuhl auf und sang aus voller Brust *It don't mean a thing if it ain't got that swing.* Ich weiß, Eltern übertreiben gern, wenn es um die Talente ihrer Kinder geht, aber für mich stand außer Frage, dass sie diesen Song auf ganz bemerkenswerte Art zum Vortrag brachte. Sie tanzte auch dazu, und während die Melodie aus ihr hervorströmte, gelangen ihr Töne wie selten zuvor, und da ihr auch selbst bewusst war, wie gut und mit welcher Kraft sie sang, begann sie, kaum dass sie fertig war, wieder von neuem. Und dann noch einmal. Und noch einmal. Fünfzehn, zwanzig Minuten lang war das Haus mit immer schöneren und ekstatischeren Variationen dieses einen unvergesslichen Satzes erfüllt: *It don't mean a thing if it ain't got that swing.*

Am nächsten Tag (gestern) holte ich gegen zwei Uhr die Post herein. Es war ein ziemlicher Stapel, die übliche Mischung aus Mist und wichtigen Dingen. Einer der Briefe kam von einem kleinen New Yorker Lyrik-Verlag, und den machte ich als ersten auf. Zu meiner Überraschung fand ich darin die Fahnenabzüge meines Beitrags für das Buch meines Freundes. Ich las die Geschichte noch einmal durch, fügte ein paar Korrekturen ein und rief dann die für die Herstellung des Buchs verantwortliche Lektorin an. Ihren Namen und die Telefonnummer hatte ich aus dem Begleitschreiben des Verlegers, und nachdem wir kurz miteinander gesprochen hatten, legte ich auf und wandte mich dem Rest der Post zu. In die neue Ausgabe der von meiner Tochter abonnierten Zeitschrift *Seventeen Magazine* hatte sich ein schmales weißes Päckchen geschoben, das in Frankreich abgeschickt worden war. Ich drehte es um und sah nach dem Absender: Es kam von F., dem Dichter, dessen Erlebnis mit dem fehlenden Gemälde mich zu der kurzen Geschichte inspiriert hatte, die ich gerade zum ersten Mal, seit ich sie im Oktober geschrieben hatte, wieder gelesen hatte. Was für ein Zufall, dachte ich. In meinem Leben sind Dutzende solch merkwürdiger Dinge vorgefallen, und ich komme einfach nicht los davon, auch wenn ich mir noch so viel Mühe gebe. Was hat die Welt nur, dass sie mich ständig in diesen Unsinn hineinziehen muss?

Dann machte ich das Päckchen auf. Es enthielt einen schmalen Gedichtband – man könnte auch sagen, ein broschiertes Heft; die Franzosen nennen so etwas *plaquette*. Nur zweiunddreißig Seiten, gedruckt auf gutem, elegantem Papier. Als ich es durchblätterte, hier und da einen Satz überflog und sofort den für F. so typischen überschwänglichen, frenetischen Stil erkannte, fiel ein winziger Zettel aus dem Buch und flatterte auf meinen Schreibtisch. Er maß etwa ein mal fünf Zentimeter. Ich hatte keine Ahnung, was das war. Ich hatte noch nie in einem neuen Buch einen losen Zettel gefunden, und falls er nicht als elegantes, mikro- skopisches Lesezeichen dienen sollte, passend zur Ele- ganz des Büchleins selbst, konnte er eigentlich nur ver- sehentlich dort hineingeraten sein. Ich hob das verirrte Zettelchen auf, drehte es um und sah, dass dort etwas geschrieben stand – eine Zeile von elf kurzen Wörtern. Die Gedichte waren in Französisch, das Buch in Frank- reich gedruckt, aber die Wörter auf dem Zettel, der mir entgegengefallen war, waren englisch. Sie bildeten einen Satz, und der Satz lautete: *It don't mean a thing if it ain't got that swing.*

An dieser Stelle nun kann ich der Versuchung nicht widerstehen, dieser Kette von Anekdoten ein weiteres Glied hinzuzufügen. Als ich die letzten Worte des ersten Absatzes des zweiten Abschnittes schrieb («dass er auf seinem Miniplaneten das Dasein eines modernen kleinen Prinzen führt»), musste ich daran denken, dass *Der kleine Prinz* in New York geschrieben wurde. Wenige Menschen wissen das, aber nachdem Saint-Exupéry im Anschluss an die Niederlage Frankreichs 1940 aus dem Kriegsdienst entlassen worden war, kam er nach Amerika und lebte eine Zeitlang in 240 Central Park South in Manhattan. Und dort schrieb er sein berühmtes Buch, das französischste aller französischen Kinderbücher. *Le Petit Prince* ist Pflichtlektüre für nahezu alle, die auf einer amerikanischen Highschool Französisch lernen, und wie für so viele andere vor mir war es auch für mich das erste Buch, das ich in einer Sprache las, die nicht Englisch war. Später habe ich viele Bücher auf Französisch gelesen. Und noch später habe ich Bücher aus dem Französischen übersetzt, um mir als junger Mann meinen Lebensunterhalt zu verdienen; und schließlich habe ich vier Jahre lang in Frankreich gelebt. Dort habe ich F. kennengelernt und bin mit seinem Werk vertraut geworden. Es mag befremdlich klingen, aber ich glaube, man kann ohne weiteres sagen, dass ich, hätte ich 1963 als Schüler nicht *Le Petit Prince* gelesen, siebenunddreißig Jahre später auch nicht dieses Buch von F. zugeschickt bekommen hätte. Und folglich hätte ich auch den geheimnisvollen Zettel mit dem Satz *It don't mean a thing if it ain't got that swing* nicht erhalten.

Das Haus 240 Central Park South ist ein seltsames, unförmiges Eckgebäude am Columbus Circle. 1941 erbaut, bezogen es die ersten Mieter kurz vor Pearl Harbor und Amerikas Kriegseintritt. Wann genau Saint-Exupéry dort eingezogen ist, ist mir unbekannt, aber er muss einer der Ersten gewesen sein, die in diesem Gebäude gewohnt haben. Nun will es einer dieser eigenartigen Zufälle, die absolut nichts zu bedeuten haben, dass auch meine Mutter zu den ersten Bewohnern dieses Hauses zählte. Sie kam als Sechzehnjährige mit ihren Eltern und ihrer Schwester aus Brooklyn dorthin und zog erst fünf Jahre später wieder aus, als sie meinen Vater heiratete. Es war dies ein durchaus ungewöhnlicher Schritt für die Familie – von Crown Heights zu einer der vornehmsten Adressen in Manhattan –, und für mich ist es eine bewegende Vorstellung, dass meine Mutter in demselben Haus gewohnt hat, in dem Saint-Exupéry *Le Petit Prince* geschrieben hat. Ganz besonders rührt mich die Tatsache, dass sie von alldem nichts wusste: weder, dass das Buch geschrieben wurde, noch, wer der Autor war. Und natürlich erfuhr sie auch nichts von seinem Tod, als er im letzten Kriegsjahr mit seinem Flugzeug abstürzte. Etwa um die gleiche Zeit verliebte sich meine Mutter in einen Piloten. Und zufällig starb auch er im selben Jahr.

Meine Großeltern lebten bis zu ihrem Tod in dem Haus 240 Central Park South (meine Großmutter starb 1968, mein Großvater 1979), und ihre Wohnung spielt in vielen meiner wichtigsten Kindheitserinnerungen eine wichtige Rolle. Nach der Hochzeit zogen meine Eltern zunächst nach New Jersey und wechselten dann während meiner Kindheit noch häufig den Wohnsitz, aber die New Yorker Wohnung blieb für mich immer ein fester Punkt in einem ansonsten unstabilen Universum. Dort stand ich am Fenster und sah den Verkehr um das Standbild von Christopher Columbus fließen. Dort führte mir mein Großvater seine Zaubertricks vor. Dort wurde mir zum ersten Mal klar, dass New York meine Stadt war.

Wie meine Mutter zog auch ihre Schwester aus der Wohnung aus, als sie geheiratet hatte. Kurze Zeit später (Anfang der fünfziger Jahre) gingen sie und ihr Mann nach Europa und lebten dort zwölf Jahre lang. Wenn ich an die verschiedenen Entscheidungen denke, die ich in meinem Leben getroffen habe, kann ich gar nicht daran zweifeln, dass ihr Beispiel mich inspiriert hat, als Zwanzigjähriger nach Frankreich zu gehen. Als meine Tante und mein Onkel nach New York zurückkamen, war mein kleiner Vetter elf Jahre alt. Ich hatte ihn erst einmal gesehen. Seine Eltern hatten ihn in Frankreich aufs Gymnasium geschickt, und obwohl wir sechs Jahre auseinander waren, lasen wir aufgrund der Unterschiede in den jeweiligen Schulsystemen *Le Petit Prince* zur gleichen Zeit. Keiner von uns hat damals gewusst, dass das Buch in eben dem Haus geschrieben worden war, in dem unsere Mütter einmal gewohnt hatten.

Nach ihrer Rückkehr aus Europa zogen mein Vetter und seine Eltern in eine Wohnung an der Upper East Side. Und in den nächsten Jahren ging er zum Haareschneiden Monat für Monat in den Friseursalon des Carlyle Hotels.

Kurzbiographien

Paul Auster wurde 1947 in Newark, New Jersey, geboren. Er studierte Anglistik und vergleichende Literaturwissenschaften an der Columbia University und verbrachte nach dem Studium einige Jahre in Frankreich. International bekannt wurde er mit seinem Roman *Im Land der letzten Dinge* und der *New-York-Trilogie*. Sein umfangreiches, vielfach preisgekröntes Werk umfasst neben zahlreichen Romanen auch Essays und Gedichte sowie Übersetzungen zeitgenössischer Lyrik. Sein bisheriges Lebenswerk krönte er mit dem Weltbestseller *4321*.

Werner Schmitz ist seit 1981 als Übersetzer tätig, u. a. von Malcolm Lowry, John le Carré, Ernest Hemingway und Philip Roth. 2011 wurde er mit dem Heinrich Maria Ledig-Rowohlt-Preis ausgezeichnet. Er hat sämtliche Bücher von Paul Auster übersetzt und lebt in der Lüneburger Heide.

Paul Auster
4 3 2 1

Archibald Ferguson heißt der jugendliche Held von Paul Austers neu-
estem Roman, und er kommt darin gleich viermal vor – in vier raffi-
niert verwobenen Variationen seines Lebens, ganz nach dem Motto:
Was wäre geschehen, wenn …? So entwirft Auster ein grandioses,
episches Porträt der zweiten Hälfte des 20. Jahrhunderts in Amerika,
voller Abenteuer, Liebe, Lebenskämpfe und den Schlägen eines unbe-
rechenbaren Schicksals. «4 3 2 1» ist ein faszinierendes, ein überwäl-
tigendes Gedankenspiel und ein Höhepunkt in Austers Schaffen. Das
Opus magnum eines der größten amerikanischen Schriftsteller der
Gegenwart.

Weitere Informationen finden
Sie unter **rowohlt.de**

1264 Seiten